Tous les mots suivis d'un * sont expliqués dans le Petit Lexique p. 92.

Qui sont les personnages ?

Les personnages principaux

LE NARRATEUR*
Michel Onfray revient sur son enfance et son adolescence dans *Le Corps de mon père* et raconte un épisode important de sa vie d'adulte dans *Autobiographie* de ma mère*. À travers le portrait de ces deux figures, il cherche à se comprendre lui-même et à expliciter le sens de ses engagements en tant que philosophe.

Les personnages secondaires

LES CHEFS DE CULTURE
Ils apparaissent peu et sont désignés comme des exploiteurs. Pour le jeune Onfray, ils sont à l'origine d'une expérience fondatrice de l'injustice, de la lutte des classes et d'une rage tenace contre l'exploitation.

LE PÈRE

Ouvrier agricole harassé de travail, c'est un homme taciturne, qui ne « parle pas pour ne rien dire ». Simple et bon, il transmet des valeurs essentielles à ses deux fils, comme la dignité, la loyauté, le courage ; il suscite l'admiration du narrateur.

LA MÈRE

Femme fragile, qui s'exprime plus que le père mais qu'on écoute peu. Elle est habitée par une cassure originelle : confiée à l'Assistance publique dans son enfance, elle ignore ses origines. Soixante ans après son placement, elle consulte enfin son dossier personnel en compagnie de son mari et de son fils, le narrateur.

LE FONCTIONNAIRE DE L'ASSISTANCE PUBLIQUE

Lui-même enfant de l'Assistance publique, c'est lui qui lit son dossier à la mère. Personnage bienveillant, il ruine ses bonnes intentions par une constante maladresse.

Quelle est l'histoire ?

Le Corps de mon père

Le père du narrateur subit une lourde opération mettant sa vie en danger. Craignant de le perdre, le narrateur se remémore leur relation depuis son enfance et lui rend hommage à travers l'écriture d'un portrait découpé en plusieurs scènes.

L'action

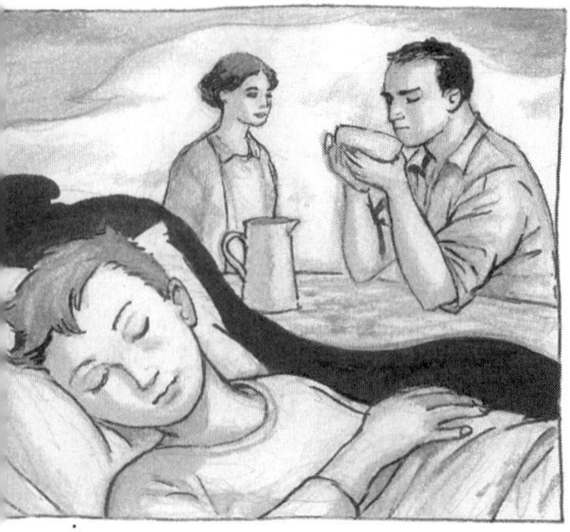

Le premier souvenir que le narrateur a de son père, c'est l'odeur de café du matin ; puis les odeurs tenaces de la ferme. Vient ensuite l'évocation d'un doux souvenir, celui du jour où il a obtenu son baccalauréat et qu'il a compris que son père était fier de lui.

Le narrateur évoque son père au travail : son métier d'ouvrier agricole lui prend tout son temps et use son corps. Les chefs de culture l'exploitent, ce qui révolte son fils.

Autobiographie de ma mère

Dans ce récit, l'action est quasi contemporaine du moment de l'écriture (1998). Elle se déroule à l'Assistance publique, puis à l'extérieur du bâtiment, dans une ville de Normandie.

L'action

Le narrateur accompagne sa mère, enfant abandonnée, qui va consulter son dossier de placement à l'administration de l'Assistance publique.

Le préposé de l'Assistance publique leur lit le dossier. Il tente d'atténuer la portée des informations qu'il leur dévoile, mais celles-ci accablent la mère et le père du narrateur.

Qui est l'auteur ?

Michel Onfray

● DE LA CAMPAGNE NORMANDE...

Michel Onfray est né en 1959 dans l'Orne. Son père était ouvrier agricole et sa mère femme de ménage. Il fait ses études dans un pensionnat catholique en Normandie (il raconte ces années difficiles dans la préface à *La Puissance d'exister*).

● ... À L'UNIVERSITÉ POPULAIRE

De 1983 à 2002, après avoir obtenu un doctorat de philosophie, il enseigne dans un lycée de Caen, puis démissionne pour créer l'Université populaire de Caen : libre d'accès à tous, elle doit permettre une démocratisation du savoir. Il y enseigne une « contre-philosophie », faisant redécouvrir tous les philosophes méprisés par la philosophie traditionnelle, notamment les hédonistes* (ascètes* qui font du plaisir le principe suprême). Dans le même esprit, il publie un *Antimanuel de philosophie* (2001) et une *Contre-histoire de la philosophie* (2006 à 2009).

● UN PHILOSOPHE AUTOBIOGRAPHE

« Les philosophes pensent à partir de leur existence propre » (*La Puissance d'exister*) : Onfray revendique le rôle essentiel du vécu personnel, et donc aussi de l'écriture autobiographique* dans la philosophie. Il se réclame de *Montaigne* dont il reprend la démarche dans son *Journal hédoniste*, publié depuis 1996. C'est aussi un philosophe engagé, qui affirme : « Je tâche que ma vie soit en cohérence avec mes pensées ». La création de l'Université populaire de Caen, mais aussi son implication politique aux côtés de la gauche alternative en sont la preuve.

SUR LE PLAN POLITIQUE	**1958** Constitution de la Ve République	**1958-1969** C. de Gaulle, président de la République	**1962** Indépendance de l'Algérie	**1968** Révoltes de mai	**1973** Premier choc pétrolier
EN LITTÉRATURE	**1957** Débuts du Nouveau Roman (A. Robbe-Grillet, *La Jalousie*. N. Sarraute, *Tropismes*)	**1960** R. Gary, *La Promesse de l'aube*	**1963** A. Robbe-Grillet, *Pour un nouveau roman*	**1964** *Les Mots*, autobiographie de J.-P. Sartre	**1975** M. Cardinal, *Les mots pour le dire* (récit d'une psychanalyse). G. Perec, *W ou le souvenir d'enfance*.

Que se passe-t-il à l'époque ?

Sur le plan politique

● UN MONDE BIPOLAIRE

En 1945, le monde se divise entre le bloc communiste à l'est et le bloc occidental à l'ouest. Ce n'est qu'en 1989 que l'Allemagne est réunifiée. En 1991, l'URSS éclate, c'est la fin de la « guerre froide ».

● ÉVOLUTION DES MŒURS ET DES NIVEAUX DE VIE

Dans les années 1950, le niveau de vie des Occidentaux s'améliore. En mai 1968, les étudiants et les ouvriers français se révoltent contre un modèle social conservateur : la société se libéralise. Au cours des années 1970, les femmes s'émancipent.

● CRISE ET MONDIALISATION

Depuis 1989, le modèle capitaliste libéral triomphe, les échanges sont mondialisés. Mais le chômage augmente dans les pays développés et les inégalités s'accroissent.

Dans le domaine des lettres

● LA CONTESTATION DE LA CULTURE OFFICIELLE

Mai 1968 s'accompagne d'une remise en cause des champs culturels traditionnels. L'essor des sciences humaines, grâce aux apports de la sociologie, de l'anthropologie et de la psychanalyse, se traduit en littérature par un refus de la narration et du réalisme au sein du « Nouveau Roman » (Robbe-Grillet, Butor, Duras, Sarraute...). En peinture, la « nouvelle figuration », née vers 1965, conteste la représentation officielle et réintroduit la politique dans l'art.

● LE GENRE AUTOBIOGRAPHIQUE

L'autobiographie connaît un certain essor, puisqu'elle est utilisée comme outil de témoignage et de contestation. C'est le cas avec *Les Mots* (1964), du philosophe J.-P. Sartre, ou plus récemment, avec *La Place* (1983), d'Annie Ernaux.

1974-1981	1975	1981-1995	1989-1990	1991	2008	2007-2008
V. Giscard d'Estaing, président de la République. Majorité légale à 18 ans.	Loi Veil légalisant l'avortement	F. Mitterrand, président de la République. Abolition de la peine de mort.	Chute du mur de Berlin, réunification de l'Allemagne	Dissolution de l'URSS	Émeutes de la faim dans le monde	Krach de l'immobilier américain

1977	1983	1984	1994	2004
Fils, S. Doubrovsky. Invention du terme « autofiction ».	A. Ernaux, *La place*. N. Sarraute, *Enfance*.	*L'Amant* de M. Duras obtient le prix Goncourt.	M. Houellebecq, *Extension du domaine de la lutte*	V. Mrejen, *Eau Sauvage*

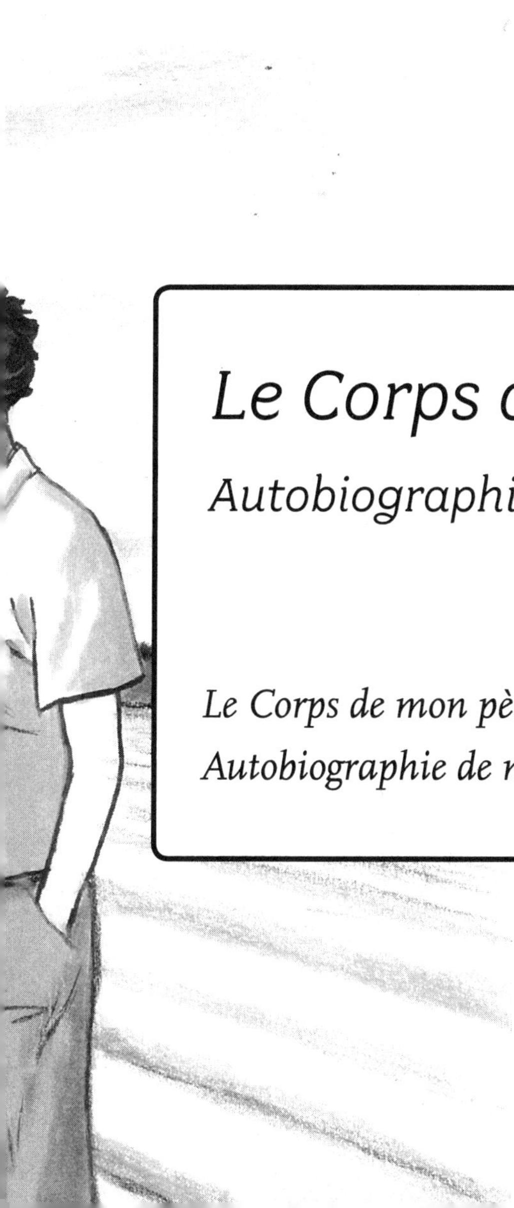

Le Corps de mon père

Autobiographie de ma mère

En 1992 j'écrivais ceci, qu'on peut lire dans le premier tome de mon journal hédoniste*, *Le désir d'être un volcan* :

Le Corps de mon père

D'abord, l'odeur grimpait l'escalier, et c'est elle qui me réveillait dans mon lit : le café noir, cuit et recuit, aux effluves de caramel brûlé pour la raison qu'il chauffait en permanence sur la fonte[1] de la cuisinière à bois. Mon père nourrissait le fourneau avec des bûchettes et des rondins qu'il fendait dans la cave. J'entendais les coups sourds qui venaient de derrière les murs, étouffés, réguliers, cadencés. Le fer de la hache séparait en deux morceaux les billes de bois posées sur une vieille racine marquée, cicatrisée de traits et destinée à accueillir les pièces sacrifiées. Je n'avais guère le droit de stationner à proximité, car les coups assenés étaient suffisamment violents pour faire dangereusement voler les éclats dans le petit espace de la cave. L'odeur était humide, la terre battue. Les bras de mon père étaient puissants, sa force m'impressionnait, elle contrastait avec son calme et sa douceur.

Paradoxalement, sa sérénité était manifeste jusque dans ce geste puissant : économie de mouvements, efficacité du tombé de l'instrument, régularité des reprises. Lorsque les morceaux étaient

1. **Fonte** : alliage métallique qui, en raison de son fort pouvoir calorifique, servait à la confection des surfaces chauffantes des fourneaux à la campagne.

allés ici ou là, autour du billot[1], mon père les ramassait, les entassait dans ses bras, en un petit tas régulier – une brassée. Puis il fermait la porte de la cave, revenait à la cuisine, et déposait son tribut[2] aux pieds du fourneau incandescent. La chaleur saturait la petite pièce, elle semblait faire danser l'air de l'atmosphère. Dans cette cuisine, nous vivions en permanence : pour les petits déjeuners, les déjeuners et les soupers, les bains pris dans une bassine métallique, les leçons et les devoirs, les fêtes et le tout-venant, les jours de bonheur et ceux de la tristesse, les étés chauds et les hivers glacés, les nuits d'insomnie et les journées banales. Moins de vingt mètres carrés pour une existence à quatre.

Mon père, c'est d'abord ce fumet de café, sécurisant et doux, un peu fade, qui me disait, au fond de mon lit, la demi-heure qui me restait avant le lever à proprement parler. Je consacrais ce temps à laisser vagabonder mon esprit, à penser à tout et à rien, à réfléchir à de minuscules problèmes, à imaginer, rêver. À savourer la quintessence[3] du temps mesuré, heureux dans la chaleur des draps, avant celui du dehors, plus froid, plus rigoureux – car la chambre où nous dormions tous n'était pas chauffée. À quelques mètres de la maison, sise[4] ruelle des Soupirs, il y avait l'église et son clocher qui racontait toutes les quinze minutes où nous en étions du temps. La nuit, j'y mesurais déjà mes insomnies et les ponctuations de mes pérégrinations nyctalopes[5].

1. **Billot** : pièce de bois servant de support pour couper avec une hache.
2. **Tribut** : contribution obligatoire payée à un supérieur. Terme qui suggère la position de subordination du père.
3. **Quintessence** : le meilleur, le principal de quelque chose. Terme de philosophie hérité du latin *quinta essentia*, cinquième élément, l'éther, c'est-à-dire ce qu'il y a de plus subtil et important dans une chose.
4. **Sise** : située.
5. **Pérégrinations nyctalopes** : promenades nocturnes. Au sens propre, le nyctalope est celui qui peut voir dans le noir.

Si le café racontait mon père, la nuit, les petits matins et le sommeil qu'on n'en finit pas de tirer, comme les Parques leurs longs fils, d'autres odeurs restent également associées à lui. Moins socialement acceptables, mais tout aussi logées dans mon âme, du côté des souvenirs et des mémoires ancestrales, c'étaient les effluves sales du purin, cette épouvantable rémanence[1] d'excréments de porcs qui imprégnait le tissu de ses vêtements de travail, malgré l'immense propreté qui était la sienne. Lavé, rincé, décapé, mais vêtu de ses bleus[2], le midi, il portait avec lui les mauvaises senteurs des sanies[3] animales : elles pénétraient tout, la trame des tissus, les cheveux, la peau, malgré les lavages.

D'autres fois, quand l'épandage[4] avait pris fin, c'était l'odeur tout aussi infecte de l'ensilage[5], du maïs pourri, cette infection donnée en pâture au bétail. À d'autres moments, les traces nauséabondes étaient produites par les engrais, fabriqués avec les cadavres d'animaux, charognes asséchées et pulvérisées recyclées par les équarrisseurs[6]. Enfin, ce pouvait être, aussi, les bouses de vache qui séchaient, collaient aux vêtements pendant plusieurs jours quand, les séances de vaccinations vétérinaires venues, il fallait enclore les animaux, les parquer, les déplacer, gérer leurs mouvements de l'herbage aux cages métalliques dans lesquelles elles déféquaient, effrayées, avant qu'on ne les rende à leur liberté. Avec le temps,

1. **Rémanence** : persistance, permanence.
2. **Bleus** : vêtements de travail en grosse toile de coton bleue.
3. **Sanies** : matières purulentes et fétides qui s'écoulent des plaies infectées. Terme d'exagération employé par image.
4. **Épandage** : action de répandre un produit (engrais, insecticide, fumier...) avec un pulvérisateur dans les champs pour les fertiliser ou les traiter.
5. **Ensilage** : fourrage vert (foin, maïs) broyé et conservé dans un silo où il fermente.
6. **Équarrisseur** : personne qui s'occupe des cadavres des animaux impropres à la consommation.

Dans la mythologie grecque, les Parques (Clotho, Lachésis et Atropos) sont trois déesses, qui filent et tranchent le fil des vies humaines : elles symbolisent la vie et la mort, la destinée.

toutes ces odeurs finissaient par disparaître. Elles saturaient l'espace, dès que mon père entrait dans la cuisine, puis plus rien, une olfaction décérébrée, une zone blanche et neutre. Je ne voyais plus que sa figure propre et sereine, son corps lent et silencieux : l'œil qui mangeait tout ne laissait plus de place au nez.

Dans la maison, aussi petite qu'un modèle réduit pour poupées, il n'y avait ni salle de bains ni douches. Les toilettes étaient dans la cave, et, pour y parvenir, il fallait sortir dehors, faire quelques mètres. La nuit, la sortie s'effectuait dans l'intimité des pleines lunes, de leurs quartiers, des croissants, des mouvements de nuages et des traînées laissées dans le ciel par les étoiles filantes. L'été, elle était saturée des parfums venus des champs, les grains moissonnés dans la poussière, les herbes fraîches dans lesquelles chantaient grenouilles et crapauds. L'hiver, on entendait un chat-huant[1] souffler dans les hautes tours du château médiéval qui domine le village et les pas craquaient dans la neige gelée où l'on s'enfonçait. Quitter la chaleur du lit supposait qu'on se fasse transpercer la chair et l'âme par le froid. Aussi, dans la chambre, un seau en émail permettait qu'on n'ait pas à sortir pour les seules urgences liquides... Je me souviens du jet d'urine de mon père, au beau milieu de la nuit. Il faisait un bruit dont je connaissais le rythme et qui, dans ma mémoire, se trouve aujourd'hui par-delà la pudeur, du côté des nécessités et des promiscuités[2] qui n'étaient que la proximité des pauvres démunis d'espace et de temps.

Les corps étaient donc lavés dans une immense bassine en zinc. Les paillettes de l'alliage produisaient brillances et scintillements,

1. **Chat-huant** : chouette hulotte.
2. **Promiscuité** : fait de vivre entassés dans un lieu étroit, sans pouvoir préserver son intimité.

suivant qu'on les regardait d'une manière ou d'une autre, dans la lumière drue, rasante ou effleurante. Ma mère faisait chauffer l'eau qui bruissait, chantait en bulles qui venaient crever à la surface. La vapeur, épaisse, enveloppante, s'étendait dans toute la pièce. Elle versait le liquide brûlant et le bruit se modifiait en fonction du remplissage : du jet sec au bouillon généreux. Mon père y ajoutait de l'eau froide pour obtenir une température *ad hoc*[1]. Il attendait pieds nus sur une serviette dépliée à même les pavés en terre. Ses orteils me paraissaient démesurément longs, et d'autant plus étonnants qu'ils étaient tous surmontés de quelques poils clairs.

Dès la bonne température, mon frère et moi étions conviés à quitter la pièce pour un ailleurs où il serait impossible de voir le corps du père : la chambre ou le garage. Le temps du bain, il nous fallait nous occuper et ne pas mettre le nez dans la cuisine transformée en salle de bains. Pourtant, pour l'avoir entr'aperçu lorsqu'il se déshabillait, le soir, je savais le corps de mon père étonnamment blanc, sauf sur les avant-bras et le visage que le soleil cuisait, brûlait, tannait. Les rayons dessinaient dans l'encolure un angle net, une forme de V et, sur le front, une ligne droite, horizontale : la démarcation entre ce que la casquette protégeait et le reste. La nudité de mon père longtemps fut pour moi cette double géographie : ces terres blanches et ces zones arides, cette carnation lactée et ce cuir brun, cette ombre douce et cette lumière crue. Le jour et la nuit, la vie et la mort. D'un côté, ce que le tissu des vêtements cachait, de l'autre, ce qui était exposé à l'air, au vent, au froid et à la morsure solaire.

1. ***Ad hoc*** : expression latine (littéralement « pour cela »), signifiant donc adapté, étudié pour.

Dans le monde où mon enfance se déplia, la tendresse ne se disait pas. Ni par les mots ni par les gestes. De sorte qu'il m'est facile de me souvenir de l'une des deux ou trois reprises où mon père dérogea[1]. C'était fin juin 1976, je venais d'avoir mon baccalauréat, j'avais dix-sept ans. L'été donnait sa meilleure lumière, sa chaleur qui me ravit toujours autant. Je n'avais guère travaillé cette année-là. En dilettante[2], d'ailleurs, je souhaitais plutôt échouer

1. **Déroger** : ne pas respecter une règle, une loi. Terme qui s'appliquait à un noble qui choisissait une profession interdite à sa position.
2. **Dilettante** : amateur, c'est-à-dire celui qui ne travaille pas sérieusement.

pour me donner une année de battement, non loin de celle qui préoccupait, sinon tourmentait alors mon esprit. Contre toute attente, le rattrapage me fut favorable et j'empochai de justesse un diplôme qui, pour mes parents, signifiait quelque chose : le baccalauréat, un sésame, une couronne de laurier, une médaille olympique, de toute façon plus que toute autre chose, car, par exemple, plus tard, mon doctorat fit moins impression. Toujours est-il que, le soleil aidant, j'avais décroché l'occasion de véritables vacances, dans le genre repos du guerrier.

Apprenant mon succès, mon père sourit, posa sa main, comme en une onction[1], sur ma tête, sur mes cheveux. Je sentis son poids, son épaisseur, les doigts dans leur détail, la paume, sa surface, le presque abandon mais la retenue, toutefois, dans le poignet. L'immobilité lourde de son geste trahissait à la fois une peur de mal dire, mal faire, de briser ou de casser quelque chose, et une vérité sans détour, sans ambages[2]. Aucun mot n'accompagna le geste, aucune durée, non plus dans celui-ci qui, malgré tout, devint pour moi de la matière dont on fait l'éternité. Mon corps fut ému et traversé par l'influx de mon père, sa paix, sa joie secrète, silencieuse et profonde. Le temps d'un instant, je suis devenu sa fierté. Éloquent dans son mutisme[3], il sourit, laissa sa main, là, presque sur mon front, le temps que d'autres auraient mis à faire une phrase brève. Lorsqu'il reprit son geste, parce que l'éternité ne peut durer plus que de raison, je sentis dans mes cheveux sa peau rêche et calleuse qui en arrachait quelques-uns. Depuis, dans chacune des mains de Picasso●

1. **Onction** : geste rituel pour attirer la bénédiction ou la grâce sur la personne qui en bénéficie.
2. **Sans ambages** : franche et directe.
3. **Mutisme** : silence.

● **Picasso (1881-1973) est un peintre espagnol ayant excellé dans tous les genres et dont certains des personnages ont de grandes mains.**

ou de Fernand Léger●, je vois les siennes, même si je sais que mon père n'a plus d'auriculaire gauche, car il le perdit dans un accident qui aurait pu lui être fatal en tâchant de retenir le cheval emballé qui l'emportait dans le tombereau[1] attelé, lequel s'écrasa sur un mur, broyant le doigt. Parfois, je me dis qu'en un endroit du monde, des os de mon père sont séparés de lui, partie de lui déjà morte.

Souvent je me demande si mon goût pour les mots ne vient pas, de manière réactive, de mon attente toujours déçue d'entendre mon père me parler, me dire, me raconter. Bavarder n'est pas son fort, ni parler pour ne rien dire. Ni d'ailleurs parler pour dire quoi que ce soit. Taciturne, il aime être dans la nature comme les minéraux ou les plantes : à leur place, sans gémissements ni contentement, sans récrimination ni satisfaction. Ici et là, obéissant à une sorte de nécessité qui est pour lui fatalité. C'est d'ailleurs l'un de ses mots de prédilection : *fatalement*. Le mutisme, chez lui, était porté à son incandescence[2]. Au point, d'ailleurs, qu'il me semble que je pourrais presque me souvenir de la totalité de ce qu'il m'a dit dans mon enfance.

Lorsque je l'aidais, dans le petit champ qu'il cultivait, notamment à l'époque où il fallait planter les pommes de terre ou les arracher avec une binette et un lourd panier en fil de fer que je traînais derrière moi, je ne cessais de lui poser des questions. Il ne cessait de me demander d'être un peu silencieux avec une gamme qui allait de la gentillesse bienveillante, au début, à l'énervement malgré tout contenu, à la fin. Je l'interrogeais sur ses parents, que

1. **Tombereau** : charrette à deux roues.
2. **Incandescence** : se dit d'un fer chauffé au point de devenir rouge puis blanc. Image ici pour signifier que le silence du père est à son intensité maximale.

● **Fernand Léger (1881-1955) est un peintre français dont les personnages ont des contours, notamment les mains, exagérément grossis.**

je n'ai pas connus, sur son enfance, sur la raison pour laquelle les alouettes montaient dans le ciel en s'époumonant avant de se laisser tomber comme des pierres, pourquoi l'on entendait si distinctement les cloches qui sonnaient dans le village à quelques kilomètres. Je lui demandais ce qu'il aurait aimé comme métier s'il n'avait pas été ouvrier agricole, si son travail lui plaisait, dans quel endroit du monde il aurait aimé se rendre si on lui avait offert une destination à son choix, quelle était la ville la plus éloignée de notre village qu'il eût visitée. Et il répondait, évasif, bref, concis, précis, économe. C'est ainsi que j'appris qu'en guise de pays magique, à connaître grâce à une baguette d'enchanteur, il avait choisi le pôle Nord... Ce qui, pour moi, est toujours un mystère, encore aujourd'hui. Pendant que je le pressais de questions et qu'il éludait[1] au mieux, je regardais ses gestes, ses mains, ses bras, ses doigts, le détail des mouvements de chaque partie de son corps. J'admirais, moi qui étais tout tordu avec mon panier, qu'il fût cassé en deux, comme à l'équerre, les jambes raides et tendues, droites, le buste penché, faisant un angle parfait, les bras effectuant leur geste, précis et efficace : un coup de binette, de la terre enlevée ici, faisant un petit tas là, juste le temps, pour moi, de lancer ma petite pomme de terre au milieu du petit cratère, dans le rythme et avec la cadence, de sorte que le coup suivant permette un nouveau trou, dont la terre servait à combler le précédent. Et ainsi de suite. Il avançait, ses pas étaient réguliers, sa progression aussi ; je titubais, mes pas étaient désordonnés, ne parlons pas de progression. Lui, silencieux, moi, étourdissant de paroles.

Chacune des occasions qui me fut donnée de planter des pommes de terre, ou de travailler avec lui dans le champ, me permit de constater que, s'il parlait peu, mon père disait ce

1. **Éluder** : éviter de répondre par un faux-fuyant.

qu'il faisait et faisait ce qu'il disait. Ainsi promettait-il quelque chose pour mon aide au travail de la terre : « Toute peine mérite salaire », disait-il. Et j'avais toujours le loisir de constater que le geste était joint à la parole. Presque rien, peu de chose, mais une preuve que les mots doivent énoncer et annoncer ce que l'on va faire, et qu'il s'agit de respecter la parole donnée. Mon père ne me fit pas beaucoup de promesses dans mon existence d'enfant, mais il les a toutes tenues. Ce n'est que plus tard, sans lui, que j'appris que les mots peuvent aussi servir pour de moins honorables causes.

Parfois, en guise de récompense, mon frère et moi lui demandions qu'il fasse bouger son biceps. Il levait la manche de sa chemise et je voyais la ligne de démarcation entre le bronzage des mains, de l'avant-bras et la carnation blanche de son bras. Puis il le pliait doucement. Avec puissance et force, il ramenait son poing vers son épaule. Alors nous étions impressionnés et fiers, car la boule de muscle faisait saillie, ronde, dure. J'aimais toucher, d'abord avec un doigt, comme on touche un objet dont on ignore la consistance, puis, parce que le muscle résistait, dur comme de la pierre, avec toute ma main, ainsi qu'on essaie en vain d'éclater un ballon de baudruche. Et je constatais, une fois de plus, que la force de mon père n'avait qu'à être sollicitée pour apparaître. Fierté de petit enfant...

Bien souvent, ces muscles-là avaient travaillé une journée durant à des mouvements répétitifs et aliénants[1] : charger et décharger des sacs de grain ou d'engrais pendant plus de huit heures. Le soir, il calculait que deux ou trois tonnes lui avaient brisé le dos, arraché l'échine, torturé la colonne vertébrale. Exténuée, au bout

1. **Aliénant** : oppressant, qui rend un individu étranger à lui-même, le transforme en chose.

de la table, la force● demandait réparation, en silence, comme une évidence. Il mangeait sans un mot, telle une mécanique. Je sentais, dans ma propre chair, sa fatigue, son épuisement, sa carcasse fourbue. Parfois, me découvrant tétanisé, blessé, j'imaginai pouvoir prendre en charge un peu de sa douleur et de sa peine. C'est à cette époque que j'ai mesuré l'impossible communication entre les chairs. Dans les meilleures hypothèses, seules les âmes s'effleurent, car le solipsisme[1] est la règle. On n'a jamais supprimé un gramme de souffrance à qui que ce soit en se couvrant de douleur : avec ce mauvais calcul, on ne parvient qu'à la macération[2], à l'ajout de négatif au négatif.

Les tâches pénibles avaient fabriqué son corps à leur mesure : petit, râblé[3], sa musculature, développée quand il était jeune, avait stoppé la croissance osseuse. À vingt ans, il portait cent soixante-cinq kilos sur les épaules : deux sacs de cinquante et un copain de soixante-cinq. Autant dire qu'il sculpta sa silhouette, je dirai, à son corps défendant. Aujourd'hui, lorsque je le vois marcher, un peu en dodelinant, comme chaloupé par un poids qui n'est plus sur ses épaules, mais dont sa chair a vraisemblablement conservé la mémoire, je sens un pincement au cœur, une émotion, une petite peine.

Lorsque je le surprends, dans le village où j'arrive sans m'être annoncé, et qu'il traverse le bourg, la tête penchée, le visage vers le sol, le regard perdu sur les trottoirs où il marche, je me demande toujours à quoi il peut bien penser, ce qu'il a dans l'esprit au moment précis où je le regarde, quelles idées le préoccupent, le

1. **Solipsisme** : attitude philosophique d'après laquelle notre « moi » serait la seule réalité existante.
2. **Macération** : souffrance que certains ascètes s'infligent pour expier leurs fautes.
3. **Râblé** : large et puissant.

● **Métonymie qui désigne le père par une de ses qualités qui impressionnent le plus son fils.**

soucient, le distraient. Quelles images et quels souvenirs, quelles vitesses, quelles cadences, quelles émotions, quelles réflexions. Je ne sais. Je ne saurai pas, je ne saurai jamais. Sa démarche est lourde, comme s'il devait encore et toujours se défaire d'une terre de labour, marchant dans des sillons gras, la glèbe[1] collant à ses pieds. Ses épaules oscillent, comme en un roulis, gîte, tangage[2], mouvements qui conduisent son corps sur une onde[3] imaginaire, improbable.

Sa silhouette est figée ainsi, comme elle l'était, à l'époque où il se rendait à son travail en mobylette, d'une autre étrange manière : étonnant cavalier sur une monture singulière, il ne variait pas dans sa façon d'enfourcher l'engin ni de le conduire. Sa posture ne changeait jamais, une jambe tendue, l'autre repliée, le torse droit, la tête légèrement inclinée, sa casquette avec la sempiternelle[4] visière relevée et son visage impassible, quelles que soient les circonstances. En hiver, je souffrais de le voir partir, même emmitouflé de vêtements qui finissaient par être troués, puis rapiécés et enfilés les uns sur les autres. Debout dans l'embrasure de la porte, j'avais froid et je le regardais partir dans l'air glacial et le vent coupant : il allait passer sa journée dehors dans des températures polaires.

Le soir, quand il rentrait, son nez était gelé, rouge. Deux grosses gouttes d'eau claire perlaient. Il enlevait ses gants en peau de mouton, ses bottes en caoutchouc, ses grosses chaussettes de laine, posait tout cela sur un journal déplié, grand ouvert sur le carrelage. Puis il plaçait une chaise devant le fourneau, ouvrait la porte

1. **Glèbe** : terre, champ cultivé. Au Moyen Âge, terre du seigneur à laquelle sont attachés des serfs.
2. **Roulis, gîte, tangage** : mouvements de balancement que la mer et le vent impriment à un navire qui vogue.
3. **Onde** : surface d'eau.
4. **Sempiternelle** : éternelle, permanente. Se dit de quelque chose qui se répète au point de devenir lassant.

et rentrait ses pieds dans le four en attendant de les dégourdir, puis de leur redonner une température décente. Il lui fallait longtemps avant de retrouver une circulation sanguine qui ne soit pas douloureuse. Dans le cadre du four, ses deux pieds nus, blancs, faisaient comme des marionnettes. Il remuait tous ses orteils, dans le désordre, comme Guignol les têtes de ses figures de théâtre.

Au moment de la moisson, l'été, parce que la saison l'exigeait, mon père travaillait presque nuit et jour, puis il terminait ses journées au bord de l'épuisement. Ses nuits n'étaient guère longues, trois ou quatre heures, parce qu'il fallait repartir prendre sa place dans le ballet des moissonneuses-batteuses, des tracteurs, des allées et venues dans la poussière de balle et de paille. Dans la nuit, le matériel agricole qui allait en procession livrer les grains à la coopérative illuminait la campagne : feux jaunes et blancs, luminosités brutales, dans les champs, sur le bord des routes, dans le vacarme des moteurs d'engins et dans le tourbillon de particules en suspension. Dans cette violence fuligineuse[1], on voyait les rais de lumière, comme des coups de sabre, des zébrures d'acier. Et la moissonneuse[2] apparaissait, jaune dans le nuage et le bruit, elle allait et venait dans un ballet gracile[3], manœuvrait en bout de pièce[4], partait et vrombissait dans la nuit, laissant derrière elle le souvenir d'un monstre avalant les champs, les étendues de blé, les tonnes de paille et de grain qu'elle vomissait, ou crachait plutôt dans une trémie[5] bruissante des grains qui s'ajoutaient en tas ondulants et gracieux. Moloch● aux yeux percés dans

1. **Fuligineuse** : noirâtre, obscure, de la couleur de la suie.
2. **Moissonneuse** : machine autoportée de grande taille qui coupe le blé et sépare le grain et la paille.
3. **Gracile** : léger, aérien.
4. **Pièce** : champ, parcelle cultivée.
5. **Trémie** : récipient conique où l'on déverse le blé récolté.

● **Dans la Bible, Moloch est un dieu à qui l'on offrait des bébés en sacrifice. Le nom commun désigne un monstre mangeur d'hommes.**

l'obscurité comme à l'arme blanche, elle emportait mon père ou son collègue qui aliénaient leur corps dans cette noria[1] de décibels et de poussières. Quand ils descendaient de l'engin, c'était pour marcher aux limites du déséquilibre, la chair encore travaillée des vibrations, des secousses, des cahots engrangés pendant des heures. Leurs visages étaient noirs, pelliculés, recouverts d'une croûte brune dans laquelle les yeux saillissaient, hagards et fatigués. L'iris bleu de mon père, le blanc, faisaient tache de mer et d'azur dans l'étendue tellurique[2] du restant du visage : oasis de paix, malgré la fatigue, dans cet océan de crasse et de saleté●.

De mon côté, englouti dans les ténèbres, caché, évitant de me faire voir, le laissant tout entier à son travail, je le regardais, pleurant parfois d'amour et de rage mélangés. J'ai passé des heures, ainsi, à le regarder, embusqué derrière une haie, au creux d'un fossé, dans les fondrières d'un chemin, derrière le tronc d'un arbre, en haut d'une pièce de terre d'où il ne pouvait me voir. Impuissant, révolté, malheureux de le voir ainsi sacrifié, utilisé, commandé, impliqué dans le travail de la ferme comme un matériel parmi du matériel, j'ai serré les dents plus d'une fois, à m'en faire mal à la mâchoire, retenu des sanglots dans le fond de ma gorge, à m'en tétaniser les cordes vocales, contenu ma colère et ma violence, à la sentir me travailler la poitrine, me déchirer le sternum.

1. **Noria** : va-et-vient incessant. Le mot est au sens figuré, à l'origine il désigne une machine à godet permettant de remonter de l'eau.
2. **Tellurique** : lié à la terre.

● **Le style du passage rappelle les textes mythologiques (présence d'éléments essentiels comme la terre et le ciel résumés sur le visage du père, l'image d'un sacrifice rituel) : il donne au père et à son travail une dimension épique et grandiose.**

C'est là, dans ces champs, dans cette campagne normande, cette plaine d'Argentan●, que j'ai appris le monde du travail, la misère des ouvriers, la pauvreté de leur existence, leurs déplorables conditions de vie, au quotidien. J'ai découvert le cynisme des chefs de culture, des contremaîtres – qui parfois devaient leur promotion à l'usage que leurs femmes faisaient de leurs charmes auprès du patron propriétaire – en respirant l'odeur des saisons dans les pièces de terre retournées, cultivées, ensemencées, travaillées par mon père. Je venais juste d'avoir dix ans, je devais m'emplir, en même temps que les poumons des parfums de la nature, l'âme d'une pleine cargaison de révolte. Je ne crains plus d'en manquer, jusqu'au bord de ma tombe.

Cette rage au cœur, je l'ai expérimentée tout particulièrement un dimanche matin, toujours pendant la saison de la moisson. Mon père était rentré tard dans la nuit du samedi, le corps fatigué, perclus[1]. Il avait passé son visage sous l'eau : j'en avais entendu les signes, le robinet de la cuisine qui coulait. Puis, il s'était allongé sur le lit, à peine déshabillé. J'avais regardé les aiguilles phosphorescentes du réveil : il était tard dans la nuit. Je voyais l'ombre de sa silhouette et j'entendais le tic-tac bruyant du réveil-matin à bon marché. Malgré les rideaux, l'enseigne lumineuse d'un café en vis-à-vis de la maison de mes parents apportait de la lumière dans la pièce. La fenêtre était ouverte sur les bruits et les odeurs de l'été. Lorsqu'il se préparait à aller au lit, mon père défaisait ses vêtements en préservant sa pudeur. Il les posait les uns après les autres sur le rebord d'un vieux fauteuil de coiffeur qu'on lui avait donné – et sur lequel j'ai depuis écrit tous mes livres. À peine allongé, il s'endormait – comme une masse, disait-il.

1. **Perclus** : ankylosé, paralysé par la douleur.

● **Argentan est la ville natale de Michel Onfray. Elle est située dans l'Orne, en Basse-Normandie.**

Le lendemain matin après sa nuit, je l'ai trouvé dans la cuisine, se rasant. Mon père se rasait trois fois par semaine, c'était un rituel conservé des habitudes anciennes, celles de son père en l'occurrence, où le barbier accomplissait ce qui, depuis, est devenu une charge en propre pour chacun. Le jour de congé était de ceux au cours desquels il faisait mousser le savon à barbe dans un petit bol doré, avec son blaireau[1]. J'aimais le bruit qu'il faisait lorsque mon père l'appliquait sur son visage, en le faisant tourner régulièrement, dans le sens des aiguilles d'une montre, puis à l'envers, de haut en bas, puis l'inverse. L'odeur était douce. Puis il plaçait une lame, extraite d'un petit emballage jaune, et la fixait à l'extrémité de son rasoir mécanique. Commençait alors l'opération proprement dite de rasage : crissement, grattage, je me souviens des bruits, les mêmes que ceux qu'aurait faits le passage d'un doigt ou d'un ongle sur du papier de verre. Son poil dur, coupé, rincé, faisait des dessins mystérieux sur la céramique de l'évier. Le brise-jet du robinet envoyait tout cela dans le précipice des canalisations après l'avoir contraint à épouser les mouvements en spirale de l'eau ainsi dispensés. Après le rasage, sa peau douce comme celle d'un enfant, il se rinçait longuement, puis s'essuyait avant de passer de l'eau de Cologne – du sent-bon selon les usages à la maison.

Le dimanche matin de moisson, donc, alors qu'il se rasait, est arrivé l'un des chefs de culture qui a garé sa méhari[2], le moteur tournant, devant la porte de la maison. Il a frappé, est entré. Puis tutoyant mon père, qui le vouvoyait, il l'a enjoint, parce que le temps l'exigeait, de rejoindre le théâtre des opérations bien qu'il

1. **Blaireau** : brosse servant à appliquer le savon à barbe sur le visage au moment du rasage. Elle était autrefois confectionnée avec des poils de blaireau.
2. **Méhari** : sorte de Jeep simplifiée, construite par les usines Citroën dans les années 1960-1970.

eût été convenu précédemment que ce jour devait être de repos. La moisson le voulait, le travail était impératif, le dimanche volait en éclats, pulvérisé. Bien sûr, comme toutes les autres heures supplémentaires, elles ne furent pas payées : c'était le métier, du moins c'étaient les usages. Le savon à barbe sur les joues, mon père obtempéra, devant ma mère et mon frère, n'ayant pas le choix. Alors, il essuya son visage, remballa tout son nécessaire à rasage, mit ses habits de travail, partit aux champs, passa la journée à la tâche. Ma mère pesta contre les patrons, se rebella, cria certainement un peu, fustigeant[1] mon père d'avoir accepté, de s'être laissé faire, d'avoir consenti sans piper mot en laissant le champ libre aux gros, comme elle disait. Refuser est un mot ignoré de mon père, il me semble que, pour ma part, je n'ai connu longtemps que celui-là. D'ailleurs, encore aujourd'hui...

Parfois, mais certainement pas ce jour maudit – j'ai encore en tête l'odeur du parfum que mon père ne mit pas ce dimanche-là –, nous allions dans les champs lui porter à boire. Car les chefs de culture se faisaient rafraîchir par leurs épouses – revenues de leurs cabrioles avec le patron – qui ne daignaient pas abreuver leurs ouvriers. J'ai compris dès cette époque que la lutte des classes était une création des patrons et des bourgeois, de leurs sous-fifres et hommes de main. Sur le chaume, adossés à des balles de paille, à l'ombre si possible, près d'une haie, nous ouvrions les bouteilles de cidre, de bière et d'eau. Les vêtements de mon père et de ses compagnons de travail étaient trempés, salis de sueur et de poussière, les muscles saillissaient, les forces étaient insolentes. Mon père ne buvait pas, là où l'alcoolisme était si facile, là où, d'ailleurs, tant de ceux de son équipe se sont laissé engloutir dans le vin rouge. Il préférait le café glacé, abondamment coupé d'eau.

1. **Fustiger** : blâmer, reprocher.

Circulation sur une route de la région parisienne en direction de Dreux, à l'occasion de départs en vacances en 1954.

J'ai toujours vénéré sa sobriété en silence : là comme ailleurs, elle m'a donné un père digne.

Au moment des labours, à l'époque où les corbeaux envahissaient la campagne, lorsque les ciels sont plombés, pesants comme doivent l'être les portes de l'enfer, j'allais le surprendre dans les immenses pièces qu'il retournait à longueur de journées. L'humus[1] était puissant. Des hectares de terre grasse fouillée et de sol renversé

1. **Humus** : la terre.

parfumaient l'atmosphère. La surface plane était ouverte par les huit socs[1] de la charrue, comme un scalpel découpe la peau pour atteindre les entrailles. Après le passage de l'acier, des pierres remontaient à la surface, puis des vers de terre qui grouillaient, dont certains sectionnés par le fil de l'instrument, des débris de la dernière guerre, aussi, morceaux de fuselages d'avions, d'obus éclatés, de matériel militaire, de chenilles et autres engins. Au bout du trait, mon père faisait la manœuvre pour le retour et de nouveaux sillons[2]. Parfois, lorsqu'il me voyait, il me faisait un geste de la main, ample mais unique, puis il reprenait la posture. De temps en temps, je courais vers lui, il arrêtait son tracteur, je grimpais dans l'habitacle, et je faisais un aller et retour. Silencieux, secoués, ballottés, étouffés parfois par les gaz d'échappement qui revenaient dans la cabine refoulés par le vent, dans un vacarme de moteur, nous étions côte à côte. Mutisme de part et d'autre : de toute façon, on n'aurait pu s'entendre. Que partageait-on, alors ? Moi, je sais ce que j'appris et compris dans ces moments-là. Mais lui ? Jamais il ne m'a dit. Jamais, peut-être, ne me le dira-t-il. Le sait-il, d'ailleurs ?

De retour sur les petites routes de campagne, j'étais certain qu'un jour je tâcherais de rembourser cette dette, ces heures de labeur pénible pour me payer des études, ce temps donné pour mon éducation, en pension. Comment ? Du moins, peut-être en n'oubliant pas, en me souvenant, en témoignant, en racontant, partout, ici, là, ailleurs, ce qu'est le travail de ceux qui peinent, le labeur de ceux qu'on paie des misères et qu'on exploite sans vergogne, l'aliénation de ceux qui n'ont ni la conscience, ni les

1. **Socs** : parties métalliques de la charrue, en forme de triangle, servant à retourner la terre.
2. **Sillons** : traits dessinés dans le sol par les socs de la charrue.

mots, ni les moyens, ni l'occasion, ni le temps de dire, car ils sont démunis de tout. Et ne cessant d'être le fils de mon père, un fils de pauvre, dans les châteaux et les palais, les universités et les salles de conférences, les livres et les colonnes des journaux, chez les éditeurs ou les bourgeois, les nantis[1] et les sûrs d'eux. Car ce sont les patrons de mon père – un temps très court ils furent aussi les miens – qui m'ont fait rebelle autant que les prêtres de mon enfance chez les Salésiens● m'ont converti à l'anticléricalisme. Je leur dois au moins ça. Et ceux qui, aujourd'hui, m'enjoignent d'oublier, de tirer un trait, de tourner la page, m'invitent à mieux me souvenir, à refuser de passer au feuillet suivant et à m'interdire toute forme de rature.

J'ai découvert que le corps de mon père n'était pas éternel une nuit que ma mère était absente et que mon frère et moi étions seuls avec lui. Avant que nous ne sachions qu'il s'agissait d'une indigestion, il nous a fallu regarder un père vomir, nous qui ne l'avions jamais vu malade, ni atteint, de quelque manière que ce soit. Je tenais la cuvette dans laquelle il se vidait de liquides et de bile. Haut-le-cœur, hoquets, entrailles arrachées, râles, il était là, devant moi, comme un malade qu'il n'avait jamais été. En vidant les matières piquantes du récipient, hagard, les yeux fixés sur son contenu, je prenais conscience que sous la peau blanche, sous les muscles durs, sous la charpente puissante, sous l'assurance tranquille de la machine, il y avait la fragilité et la précarité d'une

1. **Nantis** : riches, possédants.

● **Les Salésiens sont une congrégation religieuse, fondée par saint Jean Bosco en 1857, inspirée par saint François de Sales dont la vocation était de donner une éducation à la jeunesse. Michel Onfray a raconté ses années chez les Salésiens dans *La Puissance d'exister*.**

existence, la ténuité[1] d'un souffle. Quand les odeurs d'acétone[2] ravagèrent mes narines, je sus que mon père était mortel... Ce que j'avais toujours craint, redouté, refoulé, caché, me surgissait en pleine face, comme un boulet de canon arrache une partie du visage. Les déchets du corps, les fragments renvoyés du corps, montraient les limites d'une chair et d'un mécanisme. Devant la cuvette, le temps s'est écoulé comme les sanies[3] d'une plaie. J'ai senti dans mes jambes, dans les tendons et le jarret, la froideur d'une lame d'acier prête à me sectionner les tendons.

Plus tard, il me fallut retrouver l'épouvantable lame, derrière mes jambes, lorsque j'appris que mon père était gravement atteint d'angine de poitrine[4] et qu'il lui fallait, séance tenante[5], partir à la retraite, déposer les bleus de travail, ne pas retourner à la ferme, le lendemain, et arrêter toute activité physique. Au plus tôt, il était urgent de pratiquer une opération, un triple pontage coronarien[6]. À défaut, les médecins ne répondaient plus de rien : on m'apprit qu'il avait les artères épaisses comme du papier à cigarettes et qu'il était important de faire vite.

À l'hôpital, où il attendait l'intervention chirurgicale, je suis venu le voir. Le silence me donne toujours l'impression qu'il doit être conjuré[7]. Pas mon père qui reçoit mes questions comme à

1. **Ténuité** : légèreté extrême.
2. **Acétone** : liquide incolore utilisé comme solvant. Se développe en excès dans le sang en cas de diabète.
3. **Sanies** : matières purulentes, pus qui s'écoule d'une plaie.
4. **Angine de poitrine** : maladie cardiaque.
5. **Séance tenante** : immédiatement.
6. **Pontage coronarien** : opération lourde qui consiste à sectionner la partie malade des veines et des artères du cœur puis à raccorder les parties saines entre elles.
7. **Conjuré** : écarté, dissipé. Terme très fort qui signifie à l'origine écarter les mauvais esprits par des prières ou des pratiques magiques.

l'époque où j'étais enfant. Lui, toujours taciturne, moi, toujours bavard. Je lui ai demandé s'il avait peur de la mort, car l'idée de la sienne m'accompagnait comme une mauvaise ombre. Il me parut moins soucieux de cette question que moi. Étonné, il me répondit qu'il n'y avait pas pensé. Non, il n'y avait songé à aucun moment. J'ai souvenir de la qualité et de la quantité du silence qui suivit : la diversion fut facile, et dans l'instant nous fûmes sur un autre terrain.

Il partit, confiant, abandonnant son destin entre les mains de l'équipe des chirurgiens qui l'opérèrent. On scia son thorax qu'on ouvrit comme un fruit gorgé de sang, on accéda au cœur pour l'isoler, battant la chamade à vide, ne pulsant plus rien du tout, le sang transitant par la machine d'un cœur artificiel, on coupa les morceaux d'artère en mauvais état pour les remplacer par les tubulures veineuses prélevées dans le mollet, on abouta comme en plomberie, on agrafa les os de la poitrine au sternum, on cousit, on referma. Et je retrouvai mon père, dans sa chambre de réanimation. Dans le sas, avant d'accéder à l'espace aseptisé, on m'invita à passer un vêtement de couleur verte qui se boutonnait dans le dos, à recouvrir mes chaussures d'une espèce de sac en plastique, à me couvrir la tête d'un bonnet, vert lui aussi. Sur le seuil, je ne vis que ses pieds blancs dépasser, puis ses jambes, puis une blouse déposée sur son bassin, couvrant son sexe et son ventre. Son tronc était traversé verticalement par une cicatrice de chair boursouflée, tuméfiée, rouge par la chair, orangée par le liquide antiseptique, brune par le sang coagulé. Des fils noirs débordaient, noués dans le vif. Son visage était défait, comme un souvenir qu'on ne reconnaîtrait pas à cause du désordre installé dans la répartition : les yeux vitrés, perdus et injectés de sang, la bouche vidée de son dentier, les cheveux en bataille, gris et fins, tombant sur son front en mèches folles, une barbe drue. Abattu, le corps sondé[1], les veines perforées, les tubes courant sous la peau comme des serpents agiles et déterminés, il était branché sur des instruments auxquels il devait la vie. Conscient, mais épuisé, il reposait, paquet de viande réduit à la douleur.

Devant sa souffrance, son corps sauvé mais misérable, je me suis trouvé interdit, muet. Le temps que les émotions fassent leur trajet, que sa peine infuse la mienne et que je retrouve l'usage de la parole, me parut long, d'une insondable profondeur. Le premier mot que j'ai retrouvé fut *papa*, un *papa* viscéral, venu du ventre et de plus loin que le ventre. Un mot chargé du sang et du placenta de ma mère, un mot nourri de la parturition[2] dont il fut le géniteur. Les premières syllabes dites par un enfant, celles des limbes et qu'on sait cachées dans les pliures de l'âme, de la chair, de la moindre parcelle de corps. J'ai assisté à ce mot sortant de ma bouche comme à une nouvelle naissance de moi-même : un accouchement de ma personne auquel j'aurais assisté. Détruit, ravagé par l'intonation mise dans ce terme, j'ai étouffé un sanglot, avant de sentir les larmes brûler mes joues, comme chargées d'un feu venu de l'intérieur. J'ai pris sa main dans la mienne et j'ai retrouvé sa peau, ses doigts, leur épaisseur. Je lui ai demandé s'il avait mal. Lui, si pudique, silencieux sur ses émotions, ses affects, me confia qu'il n'aurait jamais cru devoir souffrir ainsi. Puis n'ajouta rien, retournant à sa douleur. La naissance de son cou était maculée de croûtes de sang, ses joues aussi. Ses poumons

1. **Sondé** : exploré en profondeur par des sondes (des tiges insérées dans le corps).
2. **Parturition** : accouchement.

Dans la religion catholique, les limbes sont l'endroit où séjournent les enfants morts sans baptême. Le mot commun désigne un lieu indéfini.

étaient comprimés, serrés comme dans une tenaille infernale. La mort n'était pas passée loin.

Au cours des quelques semaines de réadaptation, de rééducation, il réapprit à respirer, à vivre avec son nouveau corps, à retrouver confiance, à reprendre goût à tout, à écouter les signes venus de sa chair, à se défaire de l'attention extrême portée aux battements de son cœur, à conjurer la peur, l'inquiétude, l'angoisse, anciens fantômes. Il retrouva la vie, je retrouvai mon père. Aujourd'hui, il a la solidité d'un beau vieil homme à qui je ne sais toujours pas comment il faut dire mon amour. Le silence est encore le tiers qui accompagne nos rencontres. Nos trajets nous ont conduits, lui et moi, sur deux planètes étrangères l'une à l'autre : l'une d'immanence●, de silence, de mutisme, de simplicité, de paix, de sérénité, l'autre de mots, d'idées, de paroles, de verbes, de mouvement, d'inquiétudes. D'un côté la Terre, de l'autre Saturne●, et un cours des planètes appelant les deux mondes à toujours évoluer dans le même rapport, la même distance, le même intervalle calculé. Pourtant, je sais qu'une partie de ma chair disparaîtra le jour maudit où il quittera ce monde.

« Le Corps de mon père », extrait de « Le Désir d'être un volcan », *Journal hédoniste*, tome 1, Éditions Grasset et Fasquelle, 1996.

● **L'immanence est ici synonyme de présence. C'est un terme philosophique qui indique que le principe (l'explication) d'une chose est contenu en elle-même, par opposition à la transcendance qui indique qu'il est en dehors d'elle.**

● **Saturne est une divinité romaine. Chassé de l'Olympe par Jupiter, il s'installe dans le Latium où il fonde l'agriculture et fait régner un âge d'or. Ses fêtes, les saturnales, sont un moment de renversement des rôles sociaux et de libération.**

Autobiographie de ma mère

Je me souviens de chiens qui hurlaient à la mort, comme aux portes d'un enfer ou d'un équarrissage[1], rendus furieux par l'odeur du sang, de la charogne ou de l'abattage imminent. J'imagine la peau sur les os, le cou entravé par une chaîne, pelé, et les longues plaintes lancées à la face du soleil qui brûle les peaux en cet après-midi de printemps insolemment voluptueux. Les hurlements n'en finissent pas, réitérés jusqu'à l'écœurement. Dans ces cris, j'entends parfois des gémissements d'enfants ou des plaintes d'adultes rivés sur un lit de douleur. J'aspire à ne plus entendre ces appels au secours, ces souffrances modulées en voix animales. Je me rappelle également la lumière crue, violente, blanche, le soleil aveuglant et les nuages saturés de violences lumineuses.

J'accompagne ma mère aux services des archives de l'Assistance publique où l'administration a fini par lui donner l'autorisation de prendre connaissance du contenu de son dossier silencieux et mystérieux depuis plus de soixante années. De son enfance, je n'ai

1. **Équarrissage** : usine où l'on recycle les cadavres d'animaux impropres à la consommation.

L'Assistance publique désigne ici la DDASS (direction départementale des affaires sociales), administration publique autrefois chargée des affaires sociales et en particulier de l'accueil des enfants orphelins, abandonnés ou placés par décision de justice.

jamais su que les mauvais traitements, les coups, les sévices[1], les vexations, les placements, les privations, la faim et le froid, puis cet abandon qui, raconté par elle dans mes premières années, avait pris pour moi les formes d'un cageot laissé au pied d'une église de village en Normandie, ma mère à l'intérieur, confiée au bon vouloir d'un destin qui se révéla maussade. Elle procédait d'une béance[2] qu'elle voulait combler avec des noms, des histoires, un roman familial semblable à celui des autres ; elle me demanda d'être à son côté sur ce chemin généalogique. Mon père est là, mon frère non, les chiens aboient toujours, la gueule en direction du néant.

En entrant dans le bâtiment administratif, je sens ma mère tendue, remplie de larmes, la voix fébrile, un peu tremblante. Elle sait qu'on va la mettre en face d'informations susceptibles, peut-être, de devenir une chair, une voix, des corps, une présence, des visages, des gestes. Derrière ces murs, elle trouvera vraisemblablement matière à renouer des fils cassés, à découvrir et tracer son chemin dans un labyrinthe sombre où se mélangent des monstres et des chimères[3], des peurs et des angoisses, des promesses et des souhaits, des désirs et des inquiétudes. Enfant abandonnée à l'âge où l'on ne parle pas, elle va peut-être, adulte, enfin se trouver et se retrouver, ou bien se perdre définitivement. Je comprends, alors, que son corps chavire, bruisse sous l'émotion et chaloupe devant l'immensité du large.

Mon père est silencieux, comme à chaque fois que l'essentiel advient, car, me semble-t-il, il croit moins aux mots qu'à la

1. **Sévices** : coups infligés à quelqu'un qu'on a sous sa garde.
2. **Elle procédait d'une béance** : elle était née d'un vide.
3. **Chimères** : illusions. Dans la mythologie, il s'agit d'êtres mi-hommes mi-animaux.

présence minérale des êtres. Mais je sais ce que disent son dos un peu voûté, sa tête courbée, son regard braqué sur le sol et sa démarche empesée dans une glèbe[1] imaginaire. Devant le spectacle de ces deux corps, de ces deux chairs, de mes parents troublés, je deviens l'adulte auquel ils demandent la prise en charge de ce qu'il faudra assumer après avoir entendu et vu. Soumis au destin, pareils à des enfants, ils me demandent d'inverser les rôles, de les conduire, de les guider comme jadis ils ont vraisemblablement dirigé mes premiers pas. Je n'ignore pas qu'en sortant de ce bâtiment, j'aurai moi aussi découvert un fragment de mon identité, des grands-parents, des références, une géographie familiale, un monde, et qu'il faudra mêmement, pour mon compte, m'arranger d'ombres et de menaces, de promesses ou de surprises.

Les lieux, semblables à toute entreprise administrative, transpirent le carcéral[2] et le pédagogique, entre commissariat de police et rectorat académique, un genre de direction de l'Équipement qui traiterait des identités ainsi que des chemins vicinaux[3] et des contre-allées forestières, en transfigurant le réel, les vies, les existences singulières, les romans biographiques en notes, fiches, archives, et autres documents classés, répertoriés, numérotés. Là, où des chairs ont frémi, des corps exulté, des vies exsudé[4], des violences percé, des douceurs ravi, l'alchimie bureaucratique génère des dossiers et réduit l'existentiel incarné[5] à du papier

1. **Glèbe** : la terre.
2. **Carcéral** : qui a les caractéristiques d'une prison.
3. **Chemins vicinaux** : petits chemins étroits réunissant des villages entre eux.
4. **Exsudé** : transpiré, sorti à la manière de la sueur.
5. **Existentiel incarné** : l'existence en chair et en os. Expression imagée pour opposer la vie à l'administration, ici décriée.

pelure[1] entrelardé de carbones[2] épuisés, pâlis et attachés par des trombones rouillés. Mon arbre généalogique plantait ses racines dans ces odeurs fades.

Le bureau du fonctionnaire étale le bonheur adipeux[3] et suspect des familles qu'on exhibe photographiquement, dans un cadre kitsch[4] et des postures niaises. Je n'aime pas l'étalement des fétiches bromurés rappelant subrepticement à l'œil ce qui fondamentalement ne devrait jamais quitter l'âme. Le père de famille satisfait, la sueur perlant au front, le ventre débordant d'une chemise à carreaux platement colorés, annonce que lui aussi fait partie de cette grande famille des orphelins. De la sorte, il semble dire qu'à défaut d'un lignage noble, on pourra toujours se contenter et se consoler de l'avoir pour parentèle. Je crains le pire à la lecture du dossier.

La fenêtre ouverte, on entend, bien sûr, le hurlement des chiens entravés. Leur présage me rappelle la traversée du Styx, la proximité de Charon, les compagnonnages indésirables. Ma mère fait face au compulseur de dossier, mon père la flanque sur sa droite, moi sur sa gauche. Sa main se serre sur elle-même, comme le poing d'un nouveau-né agrippé sur ses ongles que l'angoisse enfonce dans la paume. Son sac à main sur les genoux, assise tout en raideur sur sa chaise, elle attend les mots de cet homme qui, ce jour ordinaire, fait son travail. Elle allait au-devant d'une lumière à diriger vers les abîmes où grouillent ses douleurs, et le fonctionnaire, fort des cours de psychologie qu'il a dû subir et

1. **Papier pelure** : papier léger et bon marché qui servait autrefois à conserver des copies de documents administratifs.
2. **Carbones** : feuille encrée qui permettait autrefois de faire plusieurs exemplaires d'un document.
3. **Adipeux** : graisseux.
4. **Kitsch** : démodé, de mauvais goût.

Dans la mythologie grecque, Charon était le passeur qui emmenait les âmes mortes sur sa barque pour leur faire traverser le Styx, un des fleuves des Enfers.

supporter pour en être là, au contact de ce public particulier et fragile, montre toute l'incompétence affective dont on peut être capable en pareille occasion.

Je hais la lenteur, les circonlocutions[1], les détours, l'embarras, les atermoiements ; tétanisé, emprunté, il s'empêtre dans les périphrases, pratique les chemins de traverse, incapable de mouvement direct, net et précis. Les chiens hurlent, il transpire. Ma mère se tend comme un arc de verre, prêt à se briser, en mille éclats. Mon père recouvre le mutisme que je lui connaissais, enfant, quand les journées de travail harassantes le condamnaient au silence impressionnant des grandes fatigues. Le dossier, maigre, repose sur le bureau du fonctionnaire ; ses doigts, boudinés, pèsent sur le papier dont je me dis qu'il a l'âge de ma mère.

Après les propos d'usage, le catéchisme psychologique, les considérations humanistes, le verbiage administratif, l'homme au front perlé se rend compte qu'il lui faut bien arriver au fait. Vaillamment, il commence par annoncer la date d'une première dent, des premiers pas, une scarlatine, une otite, des végétations, une appendicite, des tailles et des poids dûment consignés en encres de différentes couleurs, le tout systématiquement estampillé, tamponné, contresigné. Je vois et lis à l'envers les documents qu'il manipule tels des manuscrits précieux. Ragaillardi[2] par son audace, en feuilletant le carnet de santé, il lit : « paraît intelligente », puis : « Petite nature ». Il sourit, content de lui, avant de trébucher sur une *blépharite*[3] qui réduit à néant tous ses efforts pour paraître à la hauteur. Ne sachant rien de cette affection,

1. **Circonlocutions** : détours de langage, périphrases, souvent employés pour adoucir ou atténuer l'annonce d'une mauvaise nouvelle.
2. **Ragaillardi** : réconforté, qui a retrouvé de la vigueur.
3. **Blépharite** : inflammation de la paupière.

ignorant sa nature banale, ou mortelle, l'âge de ma mère aidant, il conclut qu'on ne doit plus craindre grand-chose et s'autorise à reprendre son sourire niais.

J'ai envie de le jeter aux chiens, dehors, lui et sa sueur, lui et son art de parler pour ne rien dire, d'éluder et de pratiquer savamment les évitements essentiels. Je vois sur la main de ma mère la blancheur trahissant le sang qui ne circule plus à force de contraction, de crispation. Il annonce piteusement la minceur du dossier, la seule information inutile puisque le temps passé au spectacle de ses tergiversations laisse tout le loisir d'en constater l'évidence. Les doigts translucides de ma mère, le silence de mon père, l'embarras du fonctionnaire, et je m'entends exiger d'en venir à l'essentiel, d'arrêter les multiples occasions de différer. Il avoue que le dossier contient des informations délicates ; je dis que nous sommes venus pour entendre tout ce qu'il peut nous apprendre. Délié, investi, enfin débarrassé de toute responsabilité propre, il devient parfait en lecteur neutre.

Entre ricanements de hyènes et longues plaintes de loup, sous le soleil d'un mauvais démiurge[1] au rire sarcastique[2], il mêle sa voix à l'aboiement des chiens. Je vois en lui, fils de l'Assistance publique, frère en cela de ma mère, une ombre soumise à la nécessité condamnée à rejouer devant nous ce qu'il ne cesse vraisemblablement de ressasser pour lui : l'énoncé des raisons pour lesquelles un jour des parents abandonnent leur enfant, le délaissent, l'oublient, le refusent, le rejettent. La prosodie[3] du fonctionnaire, sur le mode psalmodié, tente de faire s'effondrer les

1. **Démiurge** : divinité créatrice.
2. **Sarcastique** : moqueur et agressif.
3. **Prosodie** : étude de l'accentuation, de l'intonation et du rythme d'un discours.

murs d'incompréhension dans lesquels, autiste[1], demeure celui qu'on a une fois répudié. Derrière son bureau, le dossier en main, lisant, il semble raconter à son inconscient une histoire toujours aussi incompréhensible, de ces romans et de ces trames confuses dont on emporte l'obscurité avec soi, dans la tombe.

Délaissant les papiers jaunâtres, les notes de frais pour une paire de galoches et ses clous, une petite robe ou un tricot, il avoue sottement le caractère anecdotique de ce qu'il écarte – après avoir pris soin d'en donner le détail. Vient alors le moment où il entreprend de lire un procès-verbal, un document de tribunal. Le texte dit que le père de ma mère, longuement hospitalisé, mais conscient malgré quatre années d'alitement, renonce à exercer la paternité sur ses enfants et qu'il désire le placement de son fils aîné dans un orphelinat de prêtres salésiens, à Giel, dans l'Orne●.

Le document précise trois informations coupantes comme un rasoir et qui tranchent l'âme sur-le-champ : le motif invoqué pour que sa propre mère cesse d'en avoir la garde est la prostitution ; il signale les démêlés de cette femme avec la justice, notamment pour une affaire de recel[2] ; il précise que l'enfant ne procède pas du père officiel, mais d'un homme dont il donne le nom – Aurelio Sanchez. Du trou noir dans lequel ma mère veut porter la lumière comme une occasion de découvrir des princes et des rois, des châteaux et des fées, des trésors et des promesses, il ne sort soudainement que des rats, de la vermine et des cancrelats[3]. Là où elle espérait un peu de magie et de rêve, de mystère et de joie, la possibilité d'un peu de douceur et de paix, elle reçoit en plein visage la

1. **Autiste** : qui ne peut communiquer avec autrui, replié sur lui-même.
2. **Recel** : détention d'un objet volé.
3. **Cancrelat** : blatte, cafard.

● **C'est dans ce même lieu que M. Onfray a effectué ses études secondaires.**

boue et la terre dont on fait les tombes. Elle pleure doucement ; je prends sa main, froide. Mon père regarde les siennes posées sagement sur ses deux genoux. J'entends encore la vitesse bruyante du silence qui passa, bruissant dans les oreilles au rythme du sang qui fouette l'intérieur du corps.

Les chiens hurlent toujours quand nous sortons. Ma mère flageole et tient mon bras comme lorsqu'en sortant du cimetière on s'éprouve déséquilibré par la douleur, chancelant d'avoir porté en terre une personne aimée qu'on ne verra plus. Elle avait toujours ignoré ce dont elle procédait et m'avait confié vouloir savoir et préférer tout plutôt que l'ignorance. La plus insupportable parce que la plus fantasmatique[1] des douleurs. Elle me dit : « Maintenant je sais. » Je comprends, alors, quels abîmes l'ont travaillée pendant des années, jusqu'à ce jour d'animaux hystériques et de printemps brûlant ; je saisis distinctement dans sa silhouette fatiguée la somme cristallisée des souffrances, des angoisses, des culpabilités, des dénis, des hystéries, des peines, les nuits d'insomnie et les heures de haine de soi transfigurées en violences à l'endroit du monde ; je la découvre brutalement, comme dévoilée, apparue dans la cruauté d'une lumière noire ; j'entr'aperçois combien elle paya, en victime émissaire, donc innocente, l'aveugle veulerie[2] infligée par la pulsion de mort● de tiers inconscients depuis le début de son existence.

1. **Fantasmatique** : issu de fantasmes. Les fantasmes sont des productions imaginaires, ici terrifiantes et anxiogènes.
2. **Veulerie** : lâcheté.

● **Selon le psychanalyste Sigmund Freud, deux grandes pulsions s'opposent dans nos vies : la pulsion de mort, symbolisée par Thanatos, dieu de la mort dans la mythologie, et la pulsion de vie, symbolisée par Eros, dieu de l'amour. La pulsion de mort est provoquée par un traumatisme ancien et enfoui dans l'inconscient.**

Nous avons parlé. Et je fus, à nouveau, père de mes parents, investi du verbe et de ses pouvoirs pour panser les blessures et réécrire une narration brutale, la transfigurer, la rétablir, l'authentifier dans la logique d'un roman personnel, d'une autobiographie où il fallait réinjecter des sentiments, de l'affection, de l'amour – tant ma mère en avait manqué. Sur le trajet du retour, elle désira s'arrêter sur la tombe d'une vieille dame chez qui elle avait été longuement placée par l'Assistance publique. Dans le cimetière, nous avons rencontré une de ses amies d'enfance. Auprès du parterre des morts, sur le gravier qui crissait, elle retrouvait sa jeunesse, son enfance. Il me fallut recourir pour son usage aux mots avec lesquels on reconstitue les gestes qui ont manqué●.

La moralité douteuse, le vol, la prostitution, les mauvais traitements ? Je tâchais de réduire tout cela à de nouvelles perspectives, moins moralisatrices que mécaniques. La réputation déplorable ? du papier écrit à l'encre morale destiné à stigmatiser et fustiger une femme dont la faute consiste à continuer de vivre quand son mari attend la mort depuis des années sur un lit d'hôpital, atteint de ces étranges et fatales maladies évolutives, qui, bien avant le trépas, séparent le malade du monde des vivants. Le recel ? l'époque n'est guère avare en jugements de valeurs et la brique volée sur un chantier pour faire une cage à lapin au fond du jardin devient chez les gens ordinaires prompts à juger, un vol monstrueux. La prostitution ? la présence d'un ouvrier espagnol dans la maison, ou d'un autre, sinon d'autres, transforme la mère

● **Onfray met en pratique sa propre vision de la philosophie, en proposant à sa mère une relecture de son histoire débarrassée du concept chrétien de faute : sa parole ne dénonce pas, ne juge pas, elle se veut apaisante.**

seule et sans ressources pour élever ses trois enfants en femme de mauvaise vie qui monnaie ses charmes alors qu'elle accepte de quoi remplir tout bonnement les assiettes. J'essaie de formuler dix fois ces arguments en derviche tourneur[1] désireux de sortir ma mère de sa tristesse et de sa prostration. Je la sens soulagée, tout de même, d'avoir une histoire, même celle-là.

Du dossier et des informations qu'il donne, je vois apparaître un arbre généalogique tout entier révélé : une cour des miracles qui me plaît bien et fait le pendant aux origines normandes et aux étymologies patronymiques[2] scandinaves de mon père. De son côté, un lignage d'hommes de la terre et du cheval, ouvriers agricoles et charrons[3], maréchaux-ferrants[4], l'aspect chthonien[5] et hyperboréen[6], le regard bleu de mon père, sa solidité de roc, ma grand-mère aveugle et pieuse, diseuse de chapelets, douce et bonne, mon grand-père, cavalier d'infanterie, gaillard moustachu, gazé sur le front des Ardennes ; du côté de ma mère, une trace espagnole, sauvage, hors-la-loi, puis bretonne, un terre-neuvas[7] en mer lors de la naissance de son fils, une juive alsacienne, un grabataire cachexique[8], puis ce qui raconte la fin des terres, la haute mer, les brûlures andalouses, les passions arabes et la mémoire juive. J'ai aimé d'un seul coup ma nouvelle famille.

1. **Derviche tourneur** : religieux musulman qui atteint une sorte de transe mystique en tournant longtemps sur lui-même.
2. **Étymologies patronymiques** : origines, racines du nom de famille (patronyme).
3. **Charron** : constructeur de charrettes.
4. **Maréchal-ferrant** : qui ferre les chevaux.
5. **Chthonien** : qui appartient aux divinités chthoniennes de la terre et du monde souterrain.
6. **Hyperboréen** : qui vient de l'Arctique.
7. **Terre-neuvas** : pêcheur de morue à Terre-Neuve, à l'extrême nord du Canada.
8. **Grabataire cachexique** : qui ne peut plus se lever, paralysé et extrêmement amaigri.

La cour des miracles est une zone où se réunissaient, la nuit, tous les exclus de l'Ancien Régime, et où leurs infirmités disparaissaient comme par miracle. Il y en avait douze à Paris ; la plus célèbre a été décrite par V. Hugo dans *Notre-Dame de Paris*. L'autorité royale les a fait disparaître au cours du XVIIe siècle.

Et puis, à ma mère désireuse de changer la noirceur d'un passé sans trace pour un peu de la lumière des histoires qu'on peut raconter, je dis que, quoi qu'il en soit, son abandon procède d'un acte d'amour, car son père a voulu la protéger, elle et sa sœur, les écarter d'une femme que de son lit d'hôpital, entre désappointement et ressentiment légitime, il jugeait indigne, à tort ou à raison. Quand ma mère imaginait devoir l'Assistance publique à la désaffection de ses parents, je la persuadais qu'il fallait croire au désir ultime d'un père de protéger ses enfants de ce qu'il savait ou croyait savoir du dehors – informé par ces seuls avis toujours autorisés des donneurs de leçon et des vendeurs de morale. Ma mère sembla consentir à ma proposition.

Il me fallut rentrer chez moi et laisser mes parents à leur face-à-face. Sur le seuil de la maison, ravagée mais apaisée, douloureuse mais cheminant vers un peu plus de paix, ma mère m'avoua que les choses étaient bien ainsi. Sa mère était décédée récemment. Remariée peu après la guerre, fidèle jusqu'à la mort et pendant un demi-siècle, semble-t-il, à l'homme de ce second mariage dont je n'ai pas retrouvé la trace, elle donnait l'impression d'avoir laissé derrière elle les orages de son avant-guerre. Peut-être son second époux vit-il encore, non loin... Ma mère voyait dans ces personnages animés un mouvement préférable au néant qui triomphait précédemment dans son existence. Plutôt une danse macabre où se trémoussent ces acteurs bariolés que l'épaisseur noire d'une ignorance angoissante. Elle pleura, m'embrassa, m'étreignit, se voûta, se retourna, ferma la porte derrière elle. Je pris la route.

En voiture, roulant vite, très vite, sur mon chemin de retour je découvris que je venais de rencontrer ma mère, pour la première fois après l'avoir ignorée et méconnue pendant presque quatre décennies. Que son passé ignoré me l'avait rendue invisible, autant qu'elle l'avait été à elle-même ; dévoilé, il m'apparaissait dans l'évidence de ce que Nietzsche appelle avec justesse l'*innocence du devenir*. Que ce que ma mère m'avait fait vivre, enfant, parfois douloureusement – de ce que l'on dit et de ce que l'on ne dit pas – elle l'avait fait en aveugle, obéissant à d'obscures impulsions dont son âme depuis toujours fait les frais, à son corps défendant. Que ce qui constitua son quotidien pendant mes vingt premières années résultait d'un pur mais vain désir de rendre visible ce qui en elle agissait en précurseur sombre[1]. Que son absence d'enfance lui interdisait de regarder la mienne en face et qu'elle avait inconsciemment tenté de m'en priver pour n'avoir pas à être seule au monde dans cette posture d'animal déchiqueté. Que m'envoyer en pension, dans un orphelinat – sans jamais savoir qu'il avait été celui dans lequel son frère avait échoué un demi-siècle auparavant – à l'âge de dix ans, et pour sept années d'internat, lui permettait de me demander d'assumer, *moi*, ce qu'elle n'avait pu assumer, *elle*.

Dans le silence et la vitesse, je songeais à cette phrase de Nietzsche qui enseigne que tout ce qui ne tue pas fortifie et à l'usage que j'en fais depuis ma première lecture, adolescent. Je pensais au déterminisme[2], à la nécessité, aux puissances auxquelles chacun obéit avec

1. **Ce qui en elle agissait en précurseur sombre** : Michel Onfray voit dans les souffrances de sa mère la cause, inconsciente pour elle, de celles qu'elle lui a infligées lors de son enfance.
2. **Déterminisme** : concept philosophique d'après lequel les actions des hommes sont imposées par des causes antérieures et ne sont pas le résultat de leur choix ; contraire de liberté.

Nietzsche (1844-1900), philosophe allemand, prône une forme de « gai savoir » (*Le Gai Savoir*, 1882), qui doit libérer la pensée occidentale d'une vision étroitement moralisatrice des choses.

plus ou moins de bonheur. Je constatais la misère et la détresse de ma mère, je songeais au gâchis qu'il y a toujours pour des parents à demander à leurs enfants d'être à la hauteur de vieilles éminences à partir desquelles le mauvais œil les regarde et les souffrances pointent sur eux depuis leurs généalogies nocturnes. J'évaluais les dégâts des effets de la pulsion de mort quand elle habite une chair, de son inévitable transmission d'une mère à un fils, d'un être à un autre, d'un adulte à un enfant, quand un jour la folie de grandes personnes l'a déclenchée dans l'âme puis le corps d'un enfant. Je me sentais plein d'une vraie compassion sereine pour ma mère.

En quête d'une identité à asseoir, afin de disposer des preuves qu'on existe bel et bien, pour se persuader d'être véritablement visible, réel, présent aux yeux d'autrui dont l'adoubement[1] devient essentiel et fondateur, malgré le fantasme de l'abandon qui ne déserte jamais la chair un jour sinistrement élue, je sais pouvoir disposer, pour ma part, de l'écriture dans laquelle j'essaie de saisir et structurer une forme viable, la mienne, de donner consistance à un caractère jamais acquis, toujours à fortifier. Ne disposant pas des mots, je sais ma mère définitivement vouée à une errance dont pour ma part le verbe me dispense en partie. Mais désormais je crois savoir où, quand et pourquoi, la nécessité m'a fait

1. **Adoubement** : cérémonie par lequel un jeune noble est fait chevalier. Ici il faut comprendre que pour exister il faut être reconnu par les autres.

Onfray indique que les parents imposent souvent à leurs enfants les mêmes souffrances que celles qu'ils ont subies dans leur propre enfance. Mais ils agissent ainsi sans être conscients que leur comportement leur est dicté par ces traumatismes (les « généalogies nocturnes »). Le moyen d'échapper à ce « mauvais œil » est donc de connaître son passé, comme la mère du narrateur vient de le faire.

nomade là où je suis. L'écriture de mes livres m'empêche une giration[1] désespérée et je tâche de me mouvoir entre désir de volcan et vertus de foudre, frayant mon chemin dans une perpétuelle apocalypse d'éléments, aspirant dans l'incandescence[2] à des archipels de comètes où solitude et abandon s'éloigneraient à des vitesses sidérales.

« Autobiographie de ma mère »,
extrait de « Les Vertus de la foudre », *Journal hédoniste*,
tome 2, Éditions Grasset et Fasquelle, 1998.

1. **Giration** : mouvement circulaire. Écrire permet à Onfray d'aller de l'avant, de ne pas « tourner en rond ».
2. **Incandescence** : luminosité causée par une chaleur intense. Image par laquelle Onfray décrit sa démarche d'homme et d'écrivain.

Le Désir d'être un volcan **et *Les Vertus de la foudre* sont les titres des deux premiers tomes du *Journal hédoniste* de M. Onfray.**

LE DOSSIER

Le Corps de mon père
Autobiographie de ma mère

Deux récits autobiographiques d'enfance et d'adolescence

REPÈRES

PARCOURS DE L'ŒUVRE

TEXTES ET IMAGES

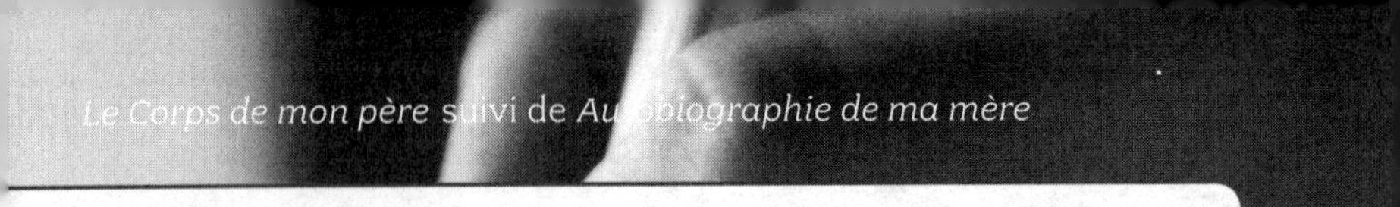

Qu'est-ce qu'un récit d'enfance et d'adolescence ?

Le récit d'enfance et d'adolescence est un « sous-genre » du roman, qui peut être rapproché du roman d'apprentissage. Pour comprendre la nature et la spécificité de ces récits de la jeunesse, il faut donc d'abord s'intéresser à ces deux catégories littéraires.

● LE ROMAN, ESSAI DE DÉFINITION

Un roman est un récit fictionnel d'une certaine ampleur. Généralement réaliste, il développe la psychologie des personnages et la description des lieux. Avec cette définition assez large, on voit que le roman est un genre littéraire regroupant des ouvrages très divers. Les romans sont classés selon des critères formels ou thématiques. On distingue ainsi le roman à la 3e personne (*La Princesse de Clèves* de Madame de Lafayette) du roman à la 1re personne (*Gil Blas de Santillane*, de Lesage). D'un point de vue thématique, on distingue le roman historique, d'aventures, d'apprentissage, psychologique, policier, d'amour... une liste extensible à l'infini.

Yvain ou le chevalier au lion *est un roman de chevalerie du* XIIe *siècle, de Chrétien de Troyes. Il est rédigé en langue romane : le terme « roman » désignait donc à l'origine ces récits écrits dans le français de l'époque, et non plus en latin.*

● LE ROMAN D'APPRENTISSAGE OU DE FORMATION

Ce sous-genre littéraire, né en Allemagne au XVIIIe siècle, met en scène l'évolution d'un jeune héros de l'enfance vers l'âge adulte. Des épreuves et des événements marquants (le départ d'un être cher, la découverte de l'amour, de l'amitié, des rapports sociaux...) l'amènent à se construire une personnalité et une conception de la vie, au gré de la confrontation de ses idéaux naïfs à un environnement hostile. Les réflexions personnelles du héros ou du narrateur permettent au lecteur de l'observer mûrir. Cette période d'apprentissage aboutit finalement à un nouvel équilibre : il peut alors affronter le monde en adulte, tel Rastignac s'écriant « À nous deux Paris ! » dans *Le Père Goriot*.

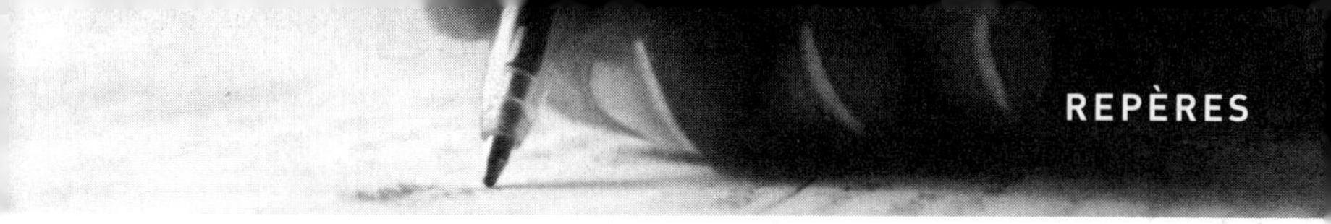

Quelques romans d'apprentissage

Gœthe, Les Années d'apprentissage de Wilhelm Meister, *1795-1796*
Balzac, Le Père Goriot, *1835*
Charles Dickens, David Copperfield, *1850*
Flaubert, L'Éducation sentimentale, *1869*
Jules Vallès, L'Enfant, *1878*
Italo Calvino, Le Baron perché, *1957*
Michel Tournier, Vendredi ou les limbes du pacifique, *1967*
Dai Sijie, Balzac et la Petite Tailleuse chinoise, *2000*

• LE RÉCIT D'ENFANCE ET D'ADOLESCENCE

Cette forme romanesque prend son essor à partir de la fin du XIXe siècle, dans des romans comme *Le Grand Meaulnes* d'Alain-Fournier. Contrairement au roman d'apprentissage, le récit d'adolescence se concentre sur les périodes de l'enfance et de l'adolescence afin de mettre en valeur un âge caractérisé par la révolte et le refus du monde des adultes, au nom de la construction de soi. Ainsi, dans *Vipère au poing*, le narrateur mûrit en se révoltant contre l'autorité sadique de sa mère. Dans *Le Corps de mon père*, le narrateur refuse de se soumettre à l'ordre du monde qui oppose les exploités et les exploiteurs.

Quelques récits d'enfance et d'adolescence du XXe siècle

Alain-Fournier, Le Grand Meaulnes, *1913*
Raymond Radiguet, Le Diable au corps, *1923*
Jean Cocteau, Les Enfants terribles, *1929*
Hervé Bazin, Vipère au poing, *1948*
Azouz Begag, Le Gone du Chaâba, *1986*
Andreï Makine, Le Testament français, *1995*

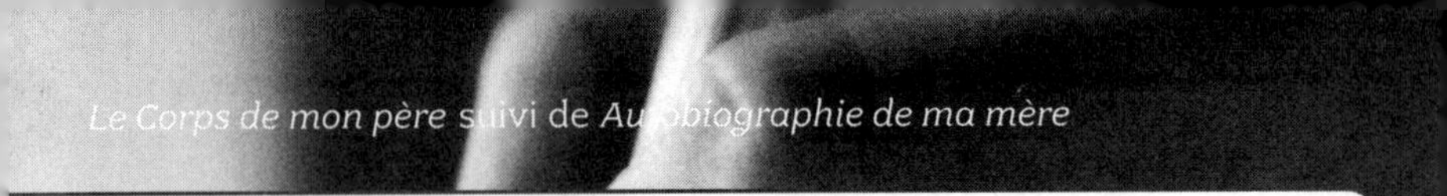

Qu'est-ce qu'une autobiographie ?

Au XXe siècle, l'autobiographie se développe. Elle crée un contact sensible entre le lecteur et l'écrivain, dont l'expérience émeut et intéresse celui-là, tant est vraie la formule de Montaigne selon laquelle « tout homme porte en lui la forme de l'humaine condition ».

• LA MATIÈRE AUTOBIOGRAPHIQUE

Une autobiographie est un ouvrage dans lequel l'auteur fait le récit rétrospectif en prose de sa propre vie, en se centrant sur sa vie intime et personnelle et en accordant une place importante à l'enfance. Le but est de dégager la formation d'une personnalité et ce qui fait l'unité d'une vie.

Le mot « autobiographie » est issu de l'assemblage de trois racines grecques : auto *(« soi-même »),* bios *(« la vie ») et* graphein *(« écrire »).*

Une autobiographie est donc en principe le récit complet et organisé de toute une vie (par exemple *Les Mots* de Sartre, en 1964). Mais, comme c'est le cas avec les deux textes de Michel Onfray, elle peut se limiter à quelques épisodes ; on parle alors d'œuvre autobiographique au sens large.
Par ailleurs, Onfray étend la définition du genre autobiographique dans les deux textes de ce recueil, en réalisant son autobiographie à travers l'évocation de son père et de sa mère.

• UN « JE » UNIQUE

Dans l'autobiographie, l'auteur, le narrateur* et le personnage principal sont confondus en une seule et même personne : « Je veux montrer à mes semblables un homme dans toute la vérité de la nature ; et cet homme ce sera moi. » nous dit J.-J. Rousseau dans ses *Confessions*. Cette phrase illustre parfaitement le fait que l'auteur est le narrateur et que cet auteur-narrateur est le personnage principal du livre.

J.-J. Rousseau (1712-1778) a écrit Les Confessions *pour répondre aux nombreuses accusations dont il était victime. Publiée après sa mort, en 1782 et 1789, cette œuvre est considérée comme la première véritable autobiographie de la littérature française.*

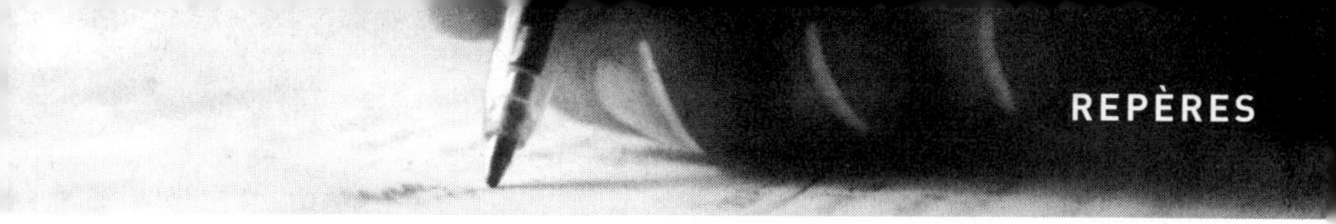

● LE PACTE AUTOBIOGRAPHIQUE

L'autobiographie n'est pas une fiction. L'auteur s'engage à raconter de manière sincère les événements de sa vie et le lecteur s'engage en retour à croire à cette sincérité. Ce double engagement forme ce qu'on appelle le « pacte autobiographique », selon l'expression de Philippe Lejeune. La sincérité de l'auteur se manifeste par sa capacité à évoquer aussi bien ce qui le met en valeur que ce qui lui est défavorable : « je n'ai rien tu de mauvais, rien ajouté de bon » (J.-J. Rousseau, *Les Confessions*). Seuls l'éloignement des faits et les défaillances de la mémoire peuvent limiter l'exactitude du récit.

Les cent sept Essais *de Montaigne (1533-1592), publiés en 1595, réunissent des textes très variés : notes de lecture, anecdotes commentées, véritables essais philosophiques. Mais ce qui en fait l'unité, c'est le projet de l'auteur : « C'est moi que je peins. » En ce sens, Montaigne est bien un précurseur du genre autobiographique.*

● LES GENRES VOISINS DE L'AUTOBIOGRAPHIE

L'autobiographie se distingue du « journal intime » comme le « Journal » d'Anne Franck, que l'auteur écrit au jour le jour, avec moins de recul sur soi et les événements. Dans des « mémoires », l'objectif de l'auteur est moins de retracer sa vie que de rapporter les événements historiques dont il a été le témoin ou auxquels il a participé. Cependant, ces distinctions ne sont pas toujours parfaitement tranchées.

● LE ROMAN AUTOBIOGRAPHIQUE

L'autobiographie ne doit pas être confondue avec le roman autobiographique. Certes, le narrateur dit « je » et se met en scène dans son récit, comme dans une autobiographie, mais il ne cherche pas à faire œuvre de sincérité, c'est au contraire le détour par la fiction qui l'intéresse.

Étape I • Étudier l'*incipit* d'un récit autobiographique d'enfance

SUPPORT : *Le Corps de mon père*, du début à la ligne 39

OBJECTIF : Identifier les éléments d'un récit autobiographique d'enfance

As-tu bien lu ?

1 Qui est le narrateur* de ce texte ?

2 Qui sont les deux personnages principaux de l'*incipit** ?

3 Où est le narrateur ?
☐ dans son lit ☐ dans la cuisine ☐ dans la cave

4 Quelle est la taille du logement de la famille ?

5 Quelle odeur est évoquée ? Pour quelle raison ?

6 Comment le passage du temps est-il marqué à la fin du passage ?

Les marques du discours autobiographique

7 Relève les marques de la présence du narrateur à la 1re personne.

Pronoms	Sujets	
	Compléments	
Déterminants possessifs de 1re personne		

8 Quel est le temps verbal le plus fréquemment utilisé dans ce texte ?
☐ le présent ☐ l'imparfait ☐ le futur
Justifie ta réponse par le relevé de deux ou trois exemples.

9 Quelle est la valeur principale de l'imparfait dans ce texte ?
☐ action passée durable (description) ☐ hypothèse
☐ imparfait d'habitude (actions habituelles)
Justifie ta réponse par le relevé de deux ou trois exemples.

10 En t'appuyant sur les réponses aux deux questions précédentes, montre que l'auteur fait le récit rétrospectif de sa propre vie.

Un thème autobiographique : l'enfance du narrateur

11 Que nous apprend la phrase « Moins de vingt mètres carrés pour une existence à quatre » sur le milieu du narrateur ?
Trouve d'autres détails dans le texte qui confirment ton analyse.

12 Que fait le narrateur avant de se lever ?
Justifie ta réponse en citant le texte.

13 Quels sentiments le narrateur éprouve-t-il pour son père ?
Tu peux choisir plusieurs réponses, en les justifiant chacune par une citation précise du texte.
Haine, admiration, amour, colère, mépris.

La langue et le style

14 Explique de quelle manière ces expressions personnifient les objets :
« L'odeur grimpait l'escalier » l. 1 – « Mon père nourrissait le fourneau » l. 4 – « Ce fumet de café [...] qui me disait [...] » l. 29 – « L'église [...] qui racontait toutes les quinze minutes où nous en étions du temps » l. 37.

15 Relève le champ lexical* de l'odeur dans ce passage puis les différentes expressions qui permettent de la décrire.

Faire le bilan

16 Quelles sont les principales caractéristiques d'un récit autobiographique* ? (à quelle personne est-il écrit ? de quoi parle-t-il ? quels en sont les personnages ? quelle époque de la vie du narrateur raconte-t-il ? à quel moment de la vie du narrateur est-il écrit ?)

À toi de jouer

17 Cherche l'extrait sur la « petite madeleine » dans *Du côté de chez Swann* de Proust et le poème « Le Parfum » de Baudelaire. Après avoir lu les deux textes, explique le rôle que jouent les parfums et le goût pour ces deux écrivains.

18 Raconte un souvenir d'enfance associé à une odeur ou un parfum.
Tu écriras ton texte à l'imparfait et tu tenteras de décrire précisément cette odeur ou ce parfum.

Étape 2 • Analyser une scène symbolique

SUPPORT : *Le Corps de mon père*, lignes 116 à 155

OBJECTIF : Comprendre ce qu'est une scène majeure de récit d'adolescence autobiographique

As-tu bien lu ?

1 À quelle date précise se déroule cette scène ?

2 Le narrateur vient d'obtenir son :
☐ permis de conduire ☐ baccalauréat ☐ doctorat

3 Comment son père exprime-t-il sa satisfaction ?

4 Pourquoi le narrateur évoque-t-il les mains de Picasso et de Fernand Léger ?

Les marques d'un moment essentiel

5 Relève la phrase qui indique que cette scène constitue un moment rare de la relation entre le père et le fils.

6 Relève les métaphores* que le narrateur emploie pour désigner le baccalauréat. Montre qu'elles confèrent une valeur exceptionnelle à l'examen.

7 Relève la comparaison* par laquelle le narrateur désigne ensuite ses vacances. Quelle idée donne-t-elle de l'épreuve qu'il vient de subir ?

8 Relève les trois antithèses* liées au poids, au temps et à la parole.

La langue et le style : temps du récit* et temps du discours*

9 L'imparfait et le passé simple sont les temps les plus présents dans ce passage. Explique pourquoi après avoir complété le tableau.

Imparfait d'habitude	Imparfaits descriptifs	Passé simple (désignant des actions de premier plan)
•	• •	• •

10 « Le temps d'un instant je suis devenu sa fierté. » Quel est le temps du verbe dans cette phrase ? En quoi s'oppose-t-il au temps des autres verbes du passage ? Qu'en déduis-tu de l'importance de ce moment dans la vie du narrateur ?

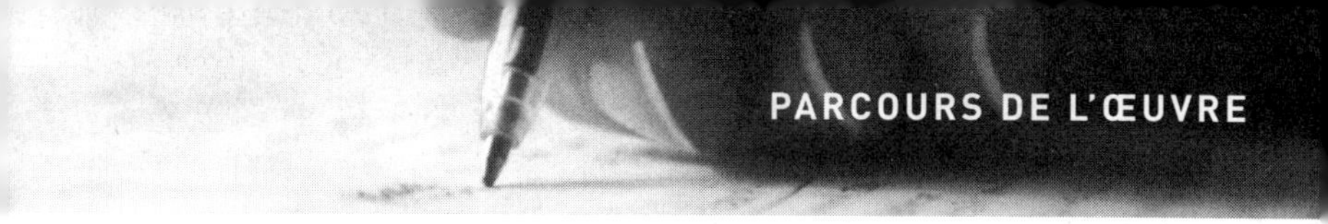

11 « L'éternité ne peut durer plus que de raison » ; « je vois les siennes, même si je sais » : quel est le temps verbal dans ces deux phrases ? Quelle est sa valeur dans chaque passage ?

12 Qu'apporte l'alternance du récit et du discours à ce passage ?

Un thème : l'adoubement

13 À quoi est comparé le geste du père ? Quel sens cela lui donne-t-il ?

14 Analyse la description du geste du père et son effet sur le narrateur : montre qu'il se rapproche de celui de la cérémonie d'adoubement*.

15 En t'appuyant sur le relevé des métaphores et des comparaisons, montre que le narrateur veut donner à ce geste un sens symbolique fort.

16 En t'appuyant sur les marques temporelles et les temps verbaux, montre que ce geste constitue une rupture dans la vie du narrateur et le transforme, un peu comme la cérémonie d'adoubement.

17 Explique en quoi l'allusion à l'épisode du doigt coupé (l. 150 à 153) ajoute à ce moment une dimension épique*.

Faire le bilan

18 Complète, avec les mots proposés, le texte suivant :
après – avant – discours – épisode – images – métaphores – récit – temps verbaux – vocabulaire

Une scène majeure de récit d'adolescence autobiographique décrit un .... marquant de la vie du narrateur-héros, sous la forme d'un .... à la première personne dans lequel les .... et le .... opposent un .... et un .... Un réseau de .... et d'................ ainsi que le .... du narrateur enrichissent et dévoilent la portée du passage.

À toi de jouer

19 Réécris ce passage en prenant le père comme narrateur.

20 Fais le récit d'un événement en apparence banal mais qui a marqué une étape importante de ta vie. Comme M. Onfray, tu emploieras des métaphores, des antithèses et des comparaisons pour faire comprendre à ton lecteur l'importance de ce moment.

Étape 3 • Étudier les figures du père et de la mère

SUPPORT : *Le Corps de mon père*, lignes 156 à 213
Autobiographie de ma mère, lignes 13 à 40

OBJECTIF : Comprendre deux figures majeures de l'autobiographie

As-tu bien lu ?

1 Quel trait du caractère du père est le plus souligné ?
☐ son silence ☐ son courage ☐ son humour

2 Quel métier exerce le père du narrateur ?

3 Dans quel pays aimerait-il aller ?

4 Quelle est l'origine de la mère du narrateur ?

5 Où le narrateur l'accompagne-t-il dans ce passage ?

Le père : une figure mystérieuse et exemplaire

6 Étudie l'opposition du père et du fils à travers les champs lexicaux* du silence et de la parole en complétant le tableau suivant :

Le père : champ lexical du silence	Le fils : champ lexical de la parole et du bruit

7 Montre en quoi cette opposition entre le père et le fils met en valeur l'attitude du père.

8 Le père répond-il aux questions du fils ? Appuie ta réponse sur des exemples précis.

9 Quelle est la qualité de la parole du père ? En quoi cela fait-il de lui une personne exemplaire ?

10 Des lignes 190 à 200, compare les adjectifs qui qualifient le narrateur et ceux qui qualifient le père. Que révèle cette opposition ?

11 Quelle caractéristique du père le dernier paragraphe de l'extrait met-il en valeur ?

La mère : une figure fragile

12 Que connaît le narrateur de l'enfance de sa mère ? Quelles indications en retire-t-il sur son caractère ?

13 Quels adjectifs caractérisent la mère ? En quoi donnent-ils l'image d'une femme fragile ?

14 Fais quelques recherches sur le mythe d'Icare et relève les éléments qui font allusion à ce mythe dans ce passage. Pourquoi indique-t-il que la mère du narrateur est en danger ?

15 Quelle image le narrateur emploie-t-il à la fin de l'extrait pour exprimer la fragilité de sa mère et le caractère périlleux de sa situation ?

La langue et le style

16 Relie chaque phrase avec la figure de style correspondante.

« il aime être dans la nature comme les minéraux ou les plantes » •	• énumération*
« Lui, silencieux, moi, étourdissant de paroles » •	• chiasme*
« mon père disait ce qu'il faisait et faisait ce qu'il disait » •	• antithèse*
« les mauvais traitements, les coups, les sévices, les vexations, les placements, les privations, la faim et le froid » •	• comparaison*

17 Relève dans le premier extrait les éléments caractéristiques de l'éloge : hyperboles* ; adjectifs laudatifs ; récits d'actions admirables.

Faire le bilan

18 Montre que le père et la mère sont des figures majeures de l'autobiographie car ils donnent des indications sur la personnalité du narrateur et la construction de son identité.

À toi de jouer

19 Lis les portraits de pères du groupement de textes (p. 70 à 72) : s'agit-il d'éloges ou de critiques ?

20 Fais le portrait d'un personnage de ton choix que tu opposeras à toi par au moins deux caractéristiques.

Étape 4 • Comprendre la visée argumentative d'un récit d'adolescence

SUPPORT : *Le Corps de mon père*, lignes 380 à 458

OBJECTIF : Identifier la visée argumentative d'un récit autobiographique

As-tu bien lu ?

1 Quel jour de la semaine a lieu le début de ce texte ?

2 Qui vient chercher le père du narrateur au début du passage ?
☐ un chef de culture ☐ un de ses amis ☐ un voisin

3 Quel est le mot ignoré du père du narrateur ?
☐ refuser ☐ fustiger ☐ protester

4 Le narrateur écrit pour :
☐ se distraire ? ☐ se mettre en avant ? ☐ payer sa dette ?

Deux univers opposés

5 Relève dans le passage (l. 380 à 410) les expressions qui montrent que le narrateur oppose deux milieux : les patrons et les chefs de culture et son père.

6 Quels termes le narrateur emploie-t-il pour désigner les patrons ? Quelles indications peut-on en retirer ?

7 Relève un sous-entendu malveillant à l'égard des chefs de culture.

8 Identifie le parallélisme* établi par le narrateur entre son père et ses patrons, et entre lui-même et son milieu actuel.

9 De quel côté se range le narrateur ? De quel côté le lecteur est-il à son tour invité à se placer ?

La langue et le style : la dimension épique

10 Des lignes 386 à 423, relève un exemple des métaphore*, comparaison* et énumération* qui donnent une vision épique* des labours et du travail du père.

Le temps dans l'autobiographie : relation entre passé et présent

11 Classe les citations suivantes dans le tableau en fonction de l'opposition entre le passé et le présent. Aide-toi des Repères p. 54-55.
« Le dimanche matin » (l. 380) ; « Longtemps » (l. 398) ; « aujourd'hui » (l. 398) ; « dans ces moments-là. » (l. 437) ; « J'étais certain qu'un jour » (l. 439) ; « aujourd'hui » (l. 455)

Jeunesse du narrateur	Présent de l'écriture

12 En t'appuyant sur ton relevé et sur les participes présents de la ligne 443, explique le sens de l'expression « un jour je tâcherais de rembourser cette dette » dans ce contexte précis, en précisant notamment quel rapport elle montre entre le passé et le présent du narrateur.

13 D'après ce passage, quelle attitude doit-on avoir par rapport à ses origines et à son passé ? Comment le narrateur met-il cette attitude en pratique dans sa vie actuelle ?

Fais le bilan

14 À l'aide de tes réponses aux questions précédentes explique ce qu'est un récit à visée argumentative* et quels en sont les éléments principaux.

À toi de jouer

15 Fais une recherche sur la « lutte des classes » (l. 404) : quelle est l'origine de cette expression ? Que signifie-t-elle ? Ta recherche te permet-elle de mieux comprendre ce passage ?

16 L'autobiographie peut-elle être destinée à critiquer la société ? Tu répondras à la question dans un développement argumenté (avec un pour et un contre), en t'appuyant notamment sur ta connaissance de ce texte de Michel Onfray.

Étape 5 • Observer la formation d'une personnalité

SUPPORT : *Le Corps de mon père*

OBJECTIF : Comprendre un des enjeux majeurs du récit d'enfance et d'adolescence

As-tu bien lu ?

1 Quelle est la différence principale entre le père et le fils ?

2 « Toute peine mérite salaire ». Qui prononce cette maxime ?
☐ le père ☐ la mère ☐ le fils

3 Replace ces éléments dans l'ordre du récit :
☐ les labours
☐ l'odeur matinale du café
☐ l'opération du père
☐ la révolte face à l'humiliation du père obligé de partir travailler le dimanche
☐ la satisfaction du père lorsque son fils obtient le baccalauréat

4 De quoi le père est-il opéré à la fin du premier récit ?
☐ des artères du cœur ☐ des poumons ☐ de la hanche

L'enfance, au cœur de la formation d'une personnalité

5 Pour chacune des phrases suivantes, indique ce que le narrateur a acquis au cours de son enfance :

« Souvent je me demande si mon goût pour les mots ne vient pas, de manière réactive, de mon attente toujours déçue d'entendre mon père me parler » ; « C'est là, dans ces champs, dans cette campagne normande, cette plaine d'Argentan, que j'ai appris le monde du travail » ; « Refuser est un mot ignoré de mon père, il me semble que, pour ma part, je n'ai connu longtemps que celui-là. » ; « Car ce sont les patrons de mon père, qui m'ont fait rebelle autant que les prêtres de mon enfance chez les Salésiens m'ont converti à l'anticléricalisme. »

6 Montre, en analysant les phrases de la question précédente, et en t'appuyant sur le reste de l'œuvre, que la personnalité du narrateur s'est formée par réaction à son milieu et non en l'imitant.

7 Cherche un passage précis où le narrateur explique comment il entend être fidèle à ses origines modestes.

8 Après avoir trouvé le passage répondant à la question 7, trouve et explique la métaphore liée à l'écriture qui décrit son attitude.

La langue et le style : la métaphore filée des planètes

Depuis « Le silence est encore le tiers » (l. 556) jusqu'à la fin.

9 Complète ce tableau afin de décrypter la métaphore filée* des planètes.

	Personnages	
	Le père	**Le narrateur**
Planète		
Caractéristiques		
Relations entre les planètes		

10 En quoi cette métaphore permet-elle de décrire la relation du père et du fils ?

11 Quelles indications cette métaphore cosmique donne-t-elle sur la personnalité du narrateur ?

Faire le bilan

12 En t'appuyant sur les réponses aux questions précédentes, montre que les principaux traits de caractère du narrateur, que tu as identifiés, sont liés aux épisodes de son enfance et à la personnalité de son père.

À toi de jouer

13 Fais une recherche sur Jean-Jacques Rousseau et son autobiographie *Les Confessions*. Lis l'épisode célèbre du « Peigne brisé » (Livre 1) et montre que Rousseau fait de ce moment de son enfance une des clés de sa personnalité d'adulte et de sa philosophie.

14 Rédige le récit d'un événement marquant que tu imagines ou que tu as vécu. Ton récit devra prendre la forme d'un apologue, c'est-à-dire se conclure par une morale, ou une leçon tirée de l'événement.

Étape 6 • Analyser une description satirique

SUPPORT : *Autobiographie de ma mère*, lignes 57 à 120

OBJECTIF : Percevoir la visée critique d'un récit autobiographique

As-tu bien lu ?

1 Où se déroule ce passage ?
- ☐ au service des archives de l'Assistance publique
- ☐ dans un commissariat de police
- ☐ dans un rectorat académique

2 À qui les personnages ont-ils affaire ?

3 Que cherche à savoir la mère du narrateur ?

Une image ridicule de l'administration

4 Quelles comparaisons le narrateur utilise-t-il dans la première phrase pour décrire le service administratif où ils se trouvent ?

5 En quoi sont alors transformées les « identités » ? Que deviennent les « romans biographiques » ?

6 Explique en quoi ces comparaisons et ces expressions dénoncent le fonctionnement de l'administration.

7 Montre, en complétant ce tableau, que la seconde phrase oppose la vie à l'image que s'en fait l'administration.

Expressions décrivant la vie	Expressions décrivant ce qu'elle devient dans l'administration

8 Quelle image est donnée de l'administration dans ce passage ?

Un fonctionnaire gauche

9 Quels adjectifs caractérisent le « bonheur » du fonctionnaire « étal[é] » sur son bureau ? Que nous disent-ils du jugement du narrateur à l'égard de ce personnage ?

10 Relève les expressions qui montrent que le fonctionnaire retarde volontairement la remise du dossier. Quelle est la cause de cette lenteur ?

11 Comment le narrateur juge-t-il le comportement du fonctionnaire ? Réponds en relevant les avis exprimés à la première personne et en analysant les adjectifs et les adverbes.

La langue et le style de la critique

12 Le narrateur parle d'« alchimie bureaucratique » (l. 65). Cherche le sens du mot « alchimie » et montre que le narrateur en fait ici un usage ironique.

13 En quoi le terme « kitsch » (l. 72) est-il péjoratif ?

14 Observe la phrase : « Là, où des chairs ont frémi [...] l'alchimie bureaucratique génère des dossiers... » (l. 64 à 66). Sur quelles oppositions est-elle bâtie ?

15 Relève dans le dernier paragraphe (l. 105 à 120) une énumération qui désigne la lenteur. De quoi est-elle synonyme pour le narrateur ? En quoi est-ce une critique ?

Fais le bilan

16 À partir de tes analyses, montre que ce passage fait une description moqueuse de l'administration pour en critiquer les travers (ce sont là les deux caractéristiques de la satire*).

À toi de jouer

17 Écris un passage satirique sur le sujet de ton choix (l'école, la famille, une émission de télévision...). Tu t'inspireras du texte de Michel Onfray, en utilisant des oppositions (« là où la vie... la télévision elle »), des énumérations de termes péjoratifs, et en caricaturant l'attitude et l'allure d'un personnage pour le dénoncer.

Étape 7 • Définir un thème majeur de l'autobiographie : la recherche des origines

SUPPORT : *Autobiographie de ma mère*, lignes 158 à 266
OBJECTIF : Comprendre le caractère hasardeux de la quête des origines

As-tu bien lu ?

1 Qu'apprend-on sur la famille de la mère du narrateur ?

2 Comment réagit le père à face ces informations ?

3 Comment réagit le fils ?

4 Quels sont les pouvoirs de la parole dans ce texte ?
☐ panser les blessures ☐ faire oublier ☐ faire rêver

5 Pour le narrateur, son nouvel arbre généalogique est :
☐ une catastrophe qui le décontenance
☐ une honte qui l'indigne
☐ une cour des miracles qui lui plaît bien

Du conte de fées au cauchemar

6 Relève dans le premier paragraphe le champ lexical du conte de fées* et du cauchemar et classe les éléments dans le tableau.

Vocabulaire positif	Vocabulaire négatif

7 En t'appuyant sur l'analyse du second paragraphe, identifie les raisons qui rendent cette quête des origines indispensable pour la mère du narrateur.

8 Relève l'image du début du texte qui montre que ces informations s'avèrent être un cauchemar pour la mère. Explique qu'elle est décrite de manière à exprimer le fait qu'elle vit un cauchemar.

Du cauchemar à la revendication de soi et au refus de la fatalité

9 Quelles « nouvelles perspectives » (l. 206) imagine le narrateur pour rasséréner sa mère ? Complète le tableau ci-dessous.

Discours sur la famille de la mère	
Ce que dit le dossier (les faits)	La lecture du narrateur (l'interprétation des faits)

10 Relève l'argument final que le narrateur donne à sa mère pour expliquer son abandon de manière à la rassurer.

11 Comment le narrateur juge-t-il son arbre généalogique ? Montre en quoi il découvre que la rencontre de ses parents apparaît comme celle d'éléments contraires et complémentaires (ex. : la terre et la mer).

La langue et le style : l'expression de la fatalité et du destin

12 Identifie la présence constante de la mort dans ce passage, en t'appuyant sur sa construction et sur le champ lexical de la mort.

13 « ce jour d'animaux hystériques et de printemps brûlant » (l. 183-184) : à quel détail présent dans tout le texte cette expression fait-elle allusion ? Caractérise l'atmosphère que ce détail confère au récit.

14 Quelle formule du narrateur montre que l'existence de sa mère a été marquée par une fatalité invisible que l'ouverture du dossier explique ?

Fais le bilan

15 Définis en quoi consiste la recherche des origines et montre en quoi ce passage fait apparaître son caractère hasardeux.

À toi de jouer

16 Fais une recherche pour trouver des récits des origines (au sens large). Comment y sont expliquées les origines des choses ? Peut-on les comparer à cet extrait ?

17 Les secrets sont-ils toujours bons à révéler ? Tu répondras de manière argumentée, en t'appuyant sur le texte et d'autres exemples.

La figure du père : groupement de documents

OBJECTIF : Comparer différentes figures du père

DOCUMENT 1 JEAN-JACQUES ROUSSEAU, *Les Confessions* (Livre I).

Jean-Jacques Rousseau (1712-1778) est l'un des philosophes majeurs du XVIIIe siècle et l'auteur de la première autobiographie, Les Confessions, *publiées après sa mort, en 1782 et 1789. Dans cet extrait situé au début de l'œuvre, Rousseau raconte les circonstances de sa naissance qui ont marqué à jamais ses relations avec son père.*

Mon père, après la naissance de mon frère unique, partit pour Constantinople, où il était appelé, et devint horloger du sérail. Durant son absence, la beauté de ma mère, son esprit, ses talents, lui attirèrent des hommages. [...]

Ma mère avait plus que de la vertu pour s'en défendre, elle aimait tendrement son mari, elle le pressa de revenir : il quitta tout et revint. Je fus le triste fruit de ce retour. Dix mois après, je naquis infirme et malade ; je coûtai la vie à ma mère, et ma naissance fut le premier de mes malheurs.

Je n'ai pas su comment mon père supporta cette perte, mais je sais qu'il ne s'en consola jamais. Il croyait la revoir en moi, sans pouvoir oublier que je la lui avais ôtée ; jamais il ne m'embrassa que je ne sentisse à ses soupirs, à ses convulsives étreintes, qu'un regret amer se mêlait à ses caresses ; elles n'en étaient que plus tendres. Quand il me disait : Jean-Jacques, parlons de ta mère, je lui disais : hé bien ! mon père, nous allons donc pleurer ; et ce mot seul lui tirait déjà des larmes. Ah ! disait-il en gémissant, rends-la-moi, console-moi d'elle, remplis le vide qu'elle a laissé dans mon âme. T'aimerais-je ainsi si tu n'étais que mon fils ? Quarante ans après l'avoir perdue, il est mort dans les bras d'une seconde femme, mais le nom de la première à la bouche, et son image au fond du cœur.

Tels furent les auteurs de mes jours. De tous les dons que le ciel leur avait départis, un cœur sensible est le seul qu'ils me laissèrent ; mais il avait fait leur bonheur, et fit tous les malheurs de ma vie.

DOCUMENT 2 JEAN-PAUL SARTRE, *Les Mots*, © Gallimard, 1964.

Jean-Paul Sartre (1905-1980), philosophe et écrivain, publie son autobiographie, Les Mots, *en 1964. Bien qu'il n'ait pas connu son père, mort peu après sa naissance, il en dresse ici un portrait ironique.*

Il n'y a pas de bon père, c'est la règle ; qu'on n'en tienne pas grief aux hommes mais au lien de paternité qui est pourri. Faire des enfants, rien de mieux ; en avoir, quelle iniquité ! Eût-il vécu, mon père se fût couché sur moi de tout son long et m'eût écrasé. Par chance, il est mort en bas âge ; au milieu des Énées[1] qui portent sur le dos leurs Anchises, je passe d'une rive à l'autre, seul et détestant ces géniteurs[2] invisibles à cheval sur leurs fils pour toute la vie ; j'ai laissé derrière moi un jeune mort qui n'eut pas le temps d'être mon père et qui pourrait être, aujourd'hui, mon fils. Fut-ce un mal ou un bien ? Je ne sais ; mais je souscris volontiers au verdict d'un éminent psychanalyste : je n'ai pas de Sur-moi[3].

Ce n'est pas tout de mourir : il faut mourir à temps. Plus tard, je me fusse senti coupable ; un orphelin conscient se donne tort : offusqués[4] par sa vue, ses parents se sont retirés dans leurs appartements du ciel. Moi, j'étais ravi : ma triste condition imposait le respect, fondait mon importance ; je comptais mon deuil au nombre de mes vertus. Mon père avait eu la galanterie de mourir à ses torts : ma grand-mère répétait qu'il s'était dérobé à ses devoirs ; mon grand-père, justement fier de la longévité Schweitzer[5], n'admettait pas qu'on disparût à trente ans ; à la lumière de ce décès suspect, il en vint à douter que son gendre eût jamais existé et, pour finir, il l'oublia. Je n'eus

1. **Énée** : héros mythique de la guerre de Troie. Lors de la victoire des Grecs qui enflamment la ville, il s'enfuit en portant son père, le vieil Anchise, sur ses épaules, et en emmenant Ascagne, son fils. Il participe ensuite à la fondation de Rome, ce que rapporte Virgile dans *L'Énéide*.
2. **Géniteur** : père biologique.
3. **Sur-moi** : selon le psychanalyste viennois Sigmund Freud, la personnalité se compose de trois instances : le moi, le ça et le surmoi. Le surmoi nous porte à respecter la loi et les contraintes imposées par le monde extérieur.
4. **Offusqués** : indignés, mécontents.
5. **Schweitzer** : nom du grand-père maternel de Sartre.

même pas à l'oublier : en filant à l'anglaise, Jean-Baptiste[1] m'avait refusé le plaisir de faire sa connaissance. Aujourd'hui encore, je m'étonne du peu que je sais sur lui. Il a aimé, pourtant, il a voulu vivre, il s'est vu mourir ; cela suffit pour faire tout un homme. Mais de cet homme-là, personne, dans ma famille, n'a su me rendre curieux. Pendant plusieurs années, j'ai pu voir, au-dessus de mon lit, le portrait d'un petit officier aux yeux candides, au crâne rond et dégarni, avec de fortes moustaches : quand ma mère s'est remariée, le portrait a disparu. [...] Ce père n'est pas même une ombre, pas même un regard : nous avons pesé quelque temps, lui et moi, sur la même terre, voilà tout. Plutôt que le fils d'un mort, on m'a fait entendre que j'étais l'enfant du miracle. De là vient, sans aucun doute, mon incroyable légèreté. Je ne suis pas un chef ni n'aspire à le devenir. Commander, obéir, c'est tout un. Le plus autoritaire commande au nom d'un autre, d'un parasite sacré – son père –, transmet les abstraites violences qu'il subit. De ma vie je n'ai donné d'ordre sans rire, sans faire rire ; c'est que je ne suis pas rongé par le chancre[2] du pouvoir : on ne m'a pas appris l'obéissance.

1. **Jean-Baptiste** : prénom du père de Sartre.
2. **Chancre** : plaie sur la peau qui apparaît dans des maladies infectieuses.

DOCUMENT 3 *Énée sauvant Anchise*, Bernardo II Daddi, dit Maître au Dé (1512-1570), gravure d'après Raphaël, xvie siècle. Cabinet des estampes, Musées d'art et d'histoire, Genève.

As-tu bien lu ?

1 Qu'ont en commun les auteurs des deux textes avec Michel Onfray ?

2 Qu'a reçu Rousseau de ses parents ?

3 Qui est « mort en bas âge » dans le texte de Sartre ?

4 D'après Sartre, quelle conséquence la mort de son père a-t-elle eu sur son éducation ? Cela lui apparaît-il comme un bien ou comme un mal ?

Des portraits inattendus

5 Qu'ont en commun les deux pères présentés dans ces textes ?

6 En quoi diffèrent-ils du père de Michel Onfray ?

7 Le portrait du père de Rousseau correspond-il à l'idée que l'on se fait de l'autorité paternelle ?

8 Les sentiments exprimés par Sartre correspondent-ils à ceux qu'éprouve habituellement un fils pour son père ? Appuie-toi sur un relevé précis du texte pour répondre.

Des figures centrales mais contestées

9 À partir de la lecture du texte de Sarte, complète ce tableau.

Reproches adressés aux pères en général	Jugements sur son père

Que peux-tu en conclure sur le point de vue de Sartre sur son père ?

10 Relève les formules par lesquelles aussi bien Sartre que Rousseau signalent l'importance du rôle que leur père a joué dans la formation de leur personnalité. Que peux-tu en conclure sur le rôle du père ?

11 Quels avantages Sartre a-t-il tiré de la disparition de son père ?

12 Montre que le récit de sa situation personnelle par Sartre est aussi une analyse générale de la relation père-fils.

13 Inversement, en quoi le récit de Rousseau est-il destiné à permettre la compréhension de sa propre personnalité ?

14 D'après tes réponses aux questions précédentes, duquel de ces deux extraits rapprocherais-tu le texte de Michel Onfray sur son père ?

Lire l'image

15 Comment apparaît le père dans cette image ?

16 L'image correspond-elle à la description qu'en donne Sartre ?

17 Que veut dire Sartre en faisant référence à cette légende tirée de la mythologie grecque ? Quel message sur la relation père-fils la gravure veut-elle transmettre ? Est-ce le même que celui de Sartre ?

À toi de jouer

18 Rédige un bref paragraphe dans lequel tu expliqueras de manière argumentée pourquoi la figure du père est si présente dans l'autobiographie. Appuie-toi sur les textes du groupement et *Le Corps de mon père* de Michel Onfray.

19 Relis le tableau de l'enquête page 91 et associe chacune de ces trois figures de pères à un des styles éducatifs présentés. Tu justifieras ta réponse par des éléments précis du texte.

Chacun croit savoir ce qu'est la famille, du moins en a une idée ou une représentation précise. Pourtant, de la famille traditionnelle à la famille recomposée, de la famille nucléaire à la parentèle étendue, historiens et sociologues nous montrent que les choses ne sont pas si simples qu'elles paraissent, en particulier depuis la fin des années soixante-dix où de nouveaux modèles sont apparus. Ce qui nous paraît si « naturel » ne va pas en fait de soi et relève de la culture et de choix plus ou moins conscients.

La famille dans tous ses états

L'ENQUÊTE EN 5 ÉTAPES

1 Quelle est l'histoire des familles en Europe ?

L'histoire de la famille fait apparaître, à travers l'évolution de ses modèles, une relative permanence du fait familial.

• UNE HISTOIRE DIFFICILE À ÉTABLIR

De nombreux obstacles se dressent face à l'historien de la famille : avant le XVIIe siècle, les registres[1] sont peu répandus, et leur tenue irrégulière et peu fiable, puisqu'ils sont établis selon des critères variables. Si aujourd'hui le mot famille est clairement défini par les sociologues (voir p. 80), il était autrefois beaucoup plus flou. Il désignait des réalités très diverses suivant les endroits : le couple et ses enfants, les mêmes et les collatéraux, toutes les personnes vivant sous un même toit, tous ceux mangeant à la même table…

• GRANDES ET PETITES FAMILLES

En raison des mariages tardifs, de l'allaitement long (période de stérilité pour la femme), de la forte mortalité, une femme avait 6 à 8 enfants en moyenne au cours d'une vie aux siècles derniers. En ville, les gens plaçaient leurs enfants en nourrice, les naissances y étaient donc plus fréquentes qu'à la campagne. Mais l'insalubrité des villes y rendait la mortalité infantile plus élevée, ce qui rétablissait sinistrement l'équilibre. La taille de la famille s'échelonnait en fonction du rang social

Repas en famille dans les années 1930, en Île-de-France.

1. Registres : documents officiels regroupant des renseignements de l'état civil (naissances, mariages, décès).

et dépendait plus de la capacité du ménage à accueillir des personnes extérieures que de sa fertilité : plus on était riche, plus le ménage était étendu (parents isolés recueillis, enfants d'autres ménages placés en apprentissage, etc.).

La mortalité jouait également un rôle dans la composition des familles : comme elle était élevée, à tous les âges, le veuvage et les remariages étaient très fréquents, et les enfants de deux voire trois ménages successifs étaient souvent élevés ensemble.

Mais les faits sont plus contrastés : la famille nucléaire existe depuis le Moyen Âge et le modèle de la parentèle reste très vivace aujourd'hui.

En réalité, un modèle domine dans une région tout en cohabitant avec les autres, et les équilibres fluctuent selon les époques. Le modèle nucléaire domine le nord-ouest de l'Europe. Pour certains, il favorise la liberté individuelle, mais pour d'autres, il est source de pertes de repères pour les individus, particulièrement pour les enfants.

Actuellement, le modèle de la famille étendue, plus communau-

● PARENTÈLE ET FAMILLE NUCLÉAIRE

Pendant longtemps, les historiens ont cru que nous avions évolué d'une famille très élargie vers une famille nucléaire, réduite au couple et à ses enfants : il y aurait eu autrefois des familles très étendues, regroupant sous un même toit plusieurs générations, conjoints et cousins compris – une parentèle – et, depuis la révolution industrielle[1] et l'urbanisation[2] du XIXe siècle, serait apparu un nouveau modèle, appelé la famille « nucléaire ».

« Papa s'empâte drôlement », Le Petit Nicolas (2004).

1. Révolution industrielle : désigne la période historique (elle débute les premières années du XIXe siècle en Angleterre, puis vers 1850 en France) qui correspond à l'industrialisation des sociétés occidentales, jusqu'alors essentiellement rurales.

2. Urbanisation : développement des villes.

taire, est présent surtout dans le sud de l'Europe. La France, située au carrefour de ces traditions, voit les deux modèles représentés sur son territoire.

● LE TOURNANT RÉCENT DES ANNÉES 1970

Les années 1970 voient la remise en cause du modèle traditionnel de la famille bourgeoise patriarcale[1]. L'arrivée massive des femmes sur le marché du travail et la contraception bouleversent ce modèle fondé sur l'idée d'autorité et de répartition traditionnelle des rôles au sein de la famille : l'homme travaille à l'extérieur, la femme s'occupe des enfants et des tâches domestiques. Les découvertes de la psychanalyse et l'évolution de la société changent le regard porté sur les enfants et l'éducation : on tend vers plus de compréhension, d'écoute, de dialogue et d'épanouissement personnel.

Des registres imprécis

Un certain Paewelia Michkli Michel, fermier d'Estonie, apparaît dans le dénombrement de 1872 comme chef de ménage avec sa femme, ses trois filles, son père et sa sœur. Mais l'analyse révèle que deux de ses trois filles, issues d'un premier mariage de sa femme, sont en réalité ses belles-filles et que celui qui est déclaré comme son père est en réalité le père du premier mari de sa femme. Dans d'autres registres, les apparentés sont parfois comptés comme des valets, et les ouvriers qui mangent à la table du maître sont dénombrés comme des membres de la famille. Il faut donc lire attentivement pour ne pas se tromper !

D'après *Histoire de la famille*, Le Livre de Poche, tome 3

Qu'est-ce qu'une famille ?

Aujourd'hui les sociologues distinguent familles et ménages.
La *famille* désigne un groupe d'individus liés par des relations de filiation, d'alliance ou de germanité (cousins).
Un *ménage* est l'ensemble des occupants d'un même logement à titre de résidence principale.
Malgré tout, les choses restent complexes, car l'INSEE mélange encore les deux notions en incluant le critère de résidence dans sa définition de la famille : le débat demeure ouvert sur la question !

1. **Patriarcale** : qui désigne l'autorité détenue par le père.

2 Comment se forme une famille ?

On croyait que la formation des familles résultait du hasard des rencontres et de la liberté du choix amoureux. En réalité, elle est déterminée par les pratiques et les habitudes sociales.

● QUI ÉPOUSE QUI ?

L'ère des mariages arrangés par la famille est révolue mais, malgré tout, on constate une certaine homogamie sociale dans la formation des couples, c'est-à-dire qu'en moyenne on se marie avec une personne de même rang social que soi. Par exemple, une fille d'enseignants a peu de chances d'épouser un fils d'agriculteur. Ce choix n'est pas conscient, il ne correspond pas à une volonté de respecter une norme[1], il est déterminé par les pratiques sociales : en résumé, la fille d'enseignants ayant peu de chances d'aller voir les mêmes films ou de fréquenter les mêmes cafés que le fils d'agriculteurs, ils ont peu de chances de se rencontrer et donc de se marier. Bien sûr, certains couples sont hétérogames, mais dans ce cas c'est souvent la femme qui épouse un conjoint d'un rang social plus élevé que le sien.

● LES LOIS DE L'ATTRACTION

Les hommes valorisent chez les femmes l'apparence physique, la présentation et des qualités psychologiques qui ont trait à la relation avec autrui. Inversement, les femmes interprètent l'aspect physique de l'homme comme un signe de son statut social. Les femmes de milieux populaires valorisent ainsi la solidité physique, signe de sérieux et promesse de stabilité familiale et professionnelle, tandis que les femmes de milieux plus aisés privilégient des qualités d'éducation et des manifestations de supériorité sociale dont le signe le plus évident est la grande taille.

D'après Jean-Hugues Déchaux,
Sociologie de la famille,
La Découverte, 2007

1. Norme : usage habituel intériorisé comme une règle à respecter.

3 Quels sont les modèles actuels de familles en Europe ?

La sociologie décrit les évolutions des familles et tente d'en comprendre le fonctionnement actuel, sans porter de jugement de valeur, et en s'appuyant sur des statistiques et des enquêtes. Elle distingue à notre époque plusieurs modèles familiaux, dont certains ne sont apparus que récemment.

● UNE NOUVELLE DONNE

Depuis les années 1960, la fécondité baisse, on se marie plus tard et le premier enfant naît aussi plus tard. Cela s'explique par l'allongement des études, mais aussi par un changement des mentalités et l'apparition de nouveaux modèles familiaux qui remplacent le schéma « traditionnel » du couple marié pour la vie, avec des enfants élevés par la femme inactive.

Le mariage n'est plus considéré comme indispensable pour fonder une famille ; aujourd'hui, presque la moitié des enfants naissent hors mariage, tandis que les divorces augmentent. Autrefois sorte de « mariage à l'essai », la cohabitation hors mariage est devenue un mode durable de vie en couple et débouche de moins en moins sur le mariage. On a même inventé un nouveau contrat d'union en 1999, plus souple que le mariage, le PACS.

Avant 1960, l'individu se mettait au service de la famille ; aujourd'hui, on attend d'elle qu'elle assure l'épanouissement et le bonheur des individus, ce que les sociologues appellent l'« individualisme moral ».

Le PACS

Le pacte civil de solidarité est introduit en 1999 pour répondre à la revendication des homosexuels de pouvoir bénéficier des mêmes avantages fiscaux et patrimoniaux que ceux accordés aux couples hétérosexuels. Plébiscité par les couples hétérosexuels, il devient une sorte de substitut au mariage : en moyenne, pour cinq mariages célébrés, un PACS est signé. À noter qu'en 2005, 60 000 PACS ont été contractés, soit 50 % de plus qu'en 2004.

● LES FAMILLES MONOPARENTALES

La famille monoparentale ne compte qu'un seul adulte. Autrefois, la monoparentalité était due au décès de l'un des deux parents ; aujourd'hui, elle résulte de la séparation ou du divorce et elle est en augmentation constante.

Généralement, l'adulte est la mère, car c'est habituellement elle qui obtient la garde du ou des enfants en cas de séparation. Le plus souvent, il s'agit d'une femme en activité mais moins diplômée et occupant des postes moins qualifiés que les femmes vivant en couple. Son taux de chômage est aussi plus élevé, par conséquent les familles monoparentales ont souvent des conditions de vie difficiles, particulièrement lorsque ce sont des mères isolées qui élèvent des enfants en bas âge. Néanmoins, dans la plupart des cas, il s'agit d'un épisode transitoire avant la remise en couple et une famille « recomposée ».

Une adolescente d'aujourd'hui avec sa mère.

• LES FAMILLES RECOMPOSÉES

Une famille recomposée résulte donc de la remise en couple après séparation d'adultes ayant des enfants de précédentes unions. De nouveaux enfants naissent parfois, qui deviennent des demi-frères et demi-sœurs des précédents. En moyenne, ces familles sont de plus grande taille que l'ensemble des familles. Au recensement de 1999, on en comptait 708 000 élevant 1,6 million d'enfants.

Couverture d'un ouvrage paru en 2008.

• LES FAMILLES HOMOSEXUELLES

L'homosexualité, qui a toujours existé, est apparue dans le débat public depuis 1990 : après la reconnaissance du couple homosexuel par le PACS, il s'agit de décider si deux parents du même sexe peuvent être reconnus légalement comme parents d'un enfant. Cette interrogation a fait prendre conscience de l'existence de couples homosexuels avec enfants : en 2004, il y avait environ 100 000 familles homosexuelles élevant 200 000 à 400 000 enfants. Ces familles se constituent de différentes manières mais, actuellement en France, les parents homosexuels ne sont pas reconnus comme tels par la loi. Certains modes de constitution sont illégaux : la jurisprudence[1] interdit l'adoption aux couples homosexuels et l'assistance médicale à la procréation (AMP)[2] est réservée aux couples hétérosexuels. Même si plusieurs pays européens ont légalisé le mariage et la parentalité homosexuels, la France n'a pas adopté cette voie, et il est un peu tôt pour se prononcer sur l'avenir.

1. Jurisprudence : ensemble des jugements et des décisions de justice qui ont déjà été rendus dans un domaine et qui font autorité, c'est-à-dire desquels on s'inspire dans des cas similaires.

2. AMP : assistance médicale à la procréation. Aide biologique à la procréation qui désigne, entre autres, les techniques d'insémination artificielle ou de fécondation *in vitro* (hors du ventre de la mère).

Constitution d'une famille homosexuelle

Par nature, un couple homosexuel ne peut procréer. Une famille homosexuelle avec enfants peut donc être issue :

1. *d'une recomposition familiale après une première union hétérosexuelle ;*
2. *d'une adoption par l'un des parents ;*
3. *de l'aide médicale à la procréation par recours à un donneur ou à une mère porteuse ;*
4. *d'un co-parentage, dans lequel un couple de gays et un couple de lesbiennes se mettent d'accord pour avoir un enfant qui évoluera entre les unités familiales.*

Charles, Marc et Olivia à Maplewood dans le New Jersey.

Des années 1960 à nos jours :
une évolution visible dans les chiffres

	1960	1964	1970	2005-2006
Fécondité (nombre moyen d'enfants par femme)		2,9		1,98
Âge de la première maternité			27,2	29,8
Âge des femmes lors du premier mariage	23			29
Nombre de divorces	30 000			131 300
Pourcentage des naissances hors mariage	6,1			47,4

4 Quelle est la répartition des rôles entre l'homme et la femme dans la famille ?

La famille est le lieu d'une distribution sexuée des rôles qui oppose d'un côté les hommes qui travaillent à l'extérieur et de l'autre les femmes qui tiennent la maison et élèvent les enfants. Si ce schéma traditionnel a largement évolué depuis un siècle, beaucoup de chemin reste à faire pour réaliser l'égalité réelle des hommes et des femmes.

• CE QUE DIT LE DROIT

En 1789, les révolutionnaires, soucieux de substituer aux principes de l'Ancien Régime ceux de laïcité, de liberté, d'égalité et de garantir le droit de l'individu par rapport à la famille, élaborent un Code civil[1] rassemblant ces valeurs. Ce Code réaffirme cependant l'autorité du mari sur sa femme et ses enfants, principes inchangés jusqu'en 1880.

Il pose également en principe le consentement des époux lors d'une union, mais la pratique du mariage arrangé par les familles est si ancrée qu'elle subsiste tout au long du XIXe siècle.

En 1970, le Code est modifié : désormais, le droit de la famille reconnaît l'égalité de l'homme et de la femme au sein de la famille.

• CE QUE DISENT LES FAITS

Bien que revendiquée, l'égalité est loin d'être parfaitement réalisée dans les couples. En observant les écarts d'âge, on s'aperçoit que la femme est presque toujours la cadette dans un ménage. De plus, hommes et femmes n'ont pas le même statut face aux tâches domestiques et à l'éducation des enfants : on considère toujours que ces activités relèvent de la responsabilité des femmes, les hommes n'intervenant que pour aider. Concernant le travail, la carrière de la femme, ou son accès à la vie professionnelle, se trouvent menacés si l'homme fait carrière, tandis que l'inverse n'est pas vrai. Plus une famille a

1. Code civil : recueil de textes juridiques régissant le droit des personnes, de la famille, des biens.

d'enfants, plus le père augmente le temps qu'il accorde à sa profession, ce qui est l'inverse pour la mère.

HOMMES ET FEMMES : LA LONGUE MARCHE VERS L'ÉGALITÉ

Ce n'est qu'en 1881 qu'une loi autorise les ouvrières mariées à effectuer des retraits et des dépôts à la caisse d'épargne sans l'autorisation de leur mari. En 1884, le divorce est réintroduit dans la loi : c'est pour éviter des divorces massifs motivés par le seul souhait de retrouver son indépendance que le régime d'autonomie des femmes est parallèlement assoupli.

En 1907, les femmes mariées et salariées obtiennent le droit de toucher et d'administrer seules leur salaire.

En 1938 et 1942, les notions de « devoir d'obéissance » et d'« autorisation maritale » sont supprimées de la loi. Les femmes peuvent passer le permis de conduire ou un examen, obtenir un passeport ou choisir leurs relations librement.

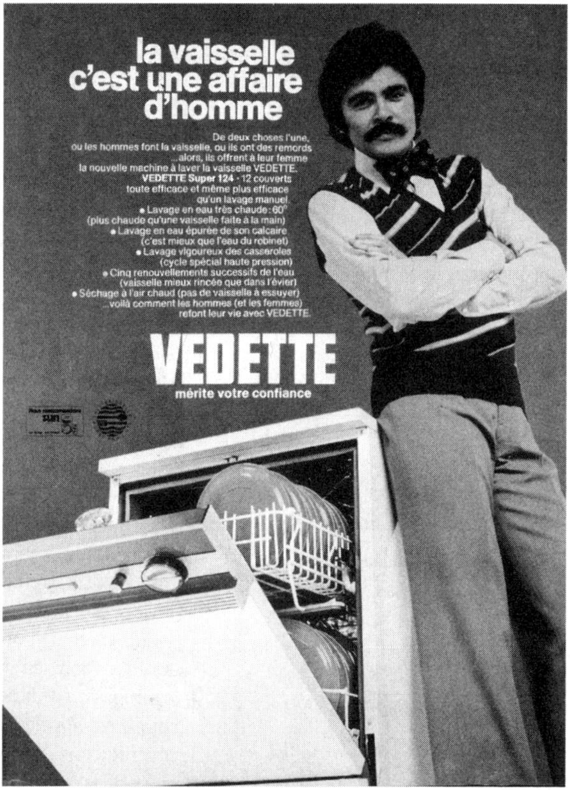

Une publicité de 1973 qui, sous couvert d'humour, témoigne du fait que les tâches ménagères restent le lot des femmes plus que celui des hommes.

Le «partage» des tâches

Temps quotidien consacré par les hommes et les femmes aux différentes tâches du ménage.

	Femmes	Hommes
Temps d'activité domestique	4,13 h	2,05 h
Dont activités parentales	1 h 35	31 mn

En 1965, un nouveau régime de mariage leur permet de rester propriétaires de leur patrimoine, qui tombait auparavant sous l'autorité de l'époux. En 1970, la loi reconnaît la direction conjointe de la famille, mettant femmes et hommes à égalité pour l'éducation des enfants.

Quand l'opinion dépasse les faits…

Si l'égalité n'est pas encore tout à fait réalisée au quotidien, les opinions, elles, ont évolué : en 1999, 81 % des Français pensent qu'il est important pour le succès du mariage de partager les tâches ménagères et 80 % que « mari et femme doivent contribuer l'un et l'autre aux ressources du ménage ».

D'après Jean-Hugues Déchaux, *Sociologie de la famille*, La Découverte, 2007

Vers plus d'égalité… et de disputes ?

Dans un monde plus individualisé, où les relations conjugales se « détraditionnalisent » et se définissent en fonction des attentes de chacun, les sources de conflit sont à la fois plus nombreuses et plus diverses que par le passé. D'une part, l'amour étant désormais le seul fondement du couple, les attentes à l'égard du conjoint sont plus grandes qu'autrefois. D'autre part, tout devient objet de discussion et de négociation, depuis la répartition des tâches ménagères et l'éducation des enfants, jusqu'au choix du logement ou de la région de résidence. Le couple est appelé à concilier des exigences contradictoires (liberté et sécurité, ancrage collectif et épanouissement personnel) et donc à décevoir.

5 Comment tenir le rôle de parent ?

Si le rôle de parent, autrefois fondé sur la seule autorité, allait de soi, il est aujourd'hui à réinventer...

● QUI RECONNAÎT-ON COMME PARENT ?

Dans le droit français, la filiation, c'est-à-dire le fait d'être parent, est définie en référence à la génération[1] : sont parents d'un enfant l'homme et la femme qui l'ont conçu. L'adoption plénière[2] tente même de reproduire ce schéma en instituant le couple adoptant comme parents, comme s'ils étaient les parents naturels. Mais les familles recomposées, les AMP et la revendication de parentalité des homosexuels remettent en cause ce principe du droit. En effet, dans les familles recomposées des liens nouveaux se créent avec les « beaux-pères » et les « belles-mères » qui jouent ainsi un véritable rôle éducatif auprès des enfants. Dans le cas des AMP, jusqu'à présent, la loi interdit de connaître l'identité du donneur de sperme ou d'ovocytes[3]. Quant aux

L'aide aux devoirs à la maison.

enfants nés sous X, ils ont depuis 2002 la possibilité, sous certaines conditions, de connaître l'identité de leur mère biologique. Cette redistri-

1. Génération : fait de procréer, de donner naissance.
2. Adoption plénière : elle est irrévocable. Elle entraîne la rupture totale des liens de l'enfant avec sa famille biologique.
3. Ovocytes : de même que les hommes peuvent faire don de leur sperme pour venir en aide aux hommes stériles, les femmes peuvent faire don de leurs ovocytes, leurs cellules reproductrices.

bution remet en question le rôle de parent, qui devient une responsabilité plus qu'un état naturel.

L'ÉDUCATION DES ENFANTS

L'éducation a beaucoup évolué. Depuis la fin de l'Ancien Régime, l'affection pour les enfants s'est développée, et l'on s'est mis petit à petit à le considérer comme une personne. Grâce aux progrès contraceptifs et à la réduction considérable de la mortalité infantile, les enfants occupent désormais une place centrale dans la famille. Le souci éducatif est devenu essentiel, et la psychanalyste Françoise Dolto a joué un grand rôle dans cette évolution.

Aujourd'hui, même si les parents cherchent à assurer la réussite de leurs enfants (par l'obtention de diplômes, l'apprentissage de règles), l'éducation est d'abord tournée vers l'épanouissement personnel. Autre nouveauté, l'éducation ne repose plus sur les seuls parents : l'école joue son rôle, ainsi que la vie en groupe. L'éducation n'est plus conçue comme l'imposition d'une norme immuable, mais comme un accompagnement adapté à la personnalité de chaque enfant, qui a le droit d'être traité en tant que personne à part entière, selon les principes de la Convention internationale des droits de l'enfant[1].

INÉGALITÉS ENTRE FILLES ET GARÇONS

L'objectif de la réussite scolaire est partagé par toutes les familles depuis que l'école s'est démocratisée et, surtout, depuis l'apparition du chômage de masse dans les années 1970 et 1980, qui a rendu le diplôme indispensable pour obtenir un emploi. Le temps consacré au suivi scolaire est donc devenu considérable (en moyenne, 15 heures par mois, une durée en augmentation constante depuis une dizaine d'années).

La participation de la mère est plus importante et plus spontanée que celle du père. Si les parents aident autant les filles que les garçons, ils contrôlent plus le travail des garçons et tendent à s'investir davantage dans leur scolarité. Les dépenses d'éducation sont par ailleurs moins importantes pour les filles lorsqu'elles ont des frères.

On demandera enfin plus volontiers aux filles de participer aux travaux de la maison et on attendra plus d'autonomie de leur part. Malheureusement, parents et enfants n'ont pas conscience de ces différences.

1. Adoptée en novembre 1989 par 191 pays de l'ONU, cette convention régit les droits de l'enfant. En France, par exemple, la lecture d'un article de loi est obligatoire lors de la cérémonie de mariage : il précise que les parents doivent permettre le développement de l'enfant dans le respect de sa personne et l'associer aux décisions qui le concernent.

Plusieurs choix éducatifs

Des clivages subsistent entre les familles et une étude a identifié trois styles éducatifs qui se répartissent entre les familles selon leur structure, leur histoire, leurs traditions.

Le style autoritaire, le plus traditionnel, est fondé sur l'obéissance et la discipline. La pédagogie vise à obtenir la conformité de l'enfant et repose sur le contrôle. Le père donne les consignes, tandis que la mère assume l'essentiel du travail éducatif. L'école est cantonnée à un rôle strict d'instruction.

Le style négociateur donne beaucoup d'importance à l'autonomie de l'enfant, à son imagination, sa créativité, et surtout à sa motivation. La famille est ouverte sur l'extérieur (école, camarades, médias) et les rôles parentaux sont indifférenciés. Le dialogue est privilégié.

Le style maternant attache plus d'importance au contrôle, à la conformité et à la discipline mais dans une grande proximité parents/enfants. Les influences extérieures sont envisagées avec une certaine réserve.

D'après Kellerhals et Montandon, *Les Stratégies éducatives des familles*, Delachaux et Niestlé, 1991.

Françoise Dolto (1908-1988) : une révolution éducative

Pédiatre et psychanalyste française, elle est l'une des pionnières de la psychanalyse de l'enfance. Elle est réputée pour son travail de clinicienne – basé sur l'écoute des enfants – et pour son travail théorique. Elle défend l'idée que « le bébé est une personne » et que l'essentiel pour un enfant est de se sentir aimé par ses parents. Elle a diffusé ses connaissances auprès du grand public, par des livres et une émission de radio, transformant ainsi profondément le regard porté sur l'éducation.

Petit lexique littéraire

Antithèse	Association dans une même phrase de deux idées contraires. Par exemple : « éloquent dans son mutisme », qui associe la parole et le silence.
Apologue	Récit court, qui vise à enseigner une morale pratique.
Argumentation	Texte dans lequel l'auteur défend une thèse, à l'aide d'un raisonnement fondé sur des exemples et des arguments de différentes natures.
Ascète	Personne qui mène une vie austère, détachée des biens matériels, dans le but de se consacrer à la réflexion.
Autobiographe	Auteur d'un texte autobiographique.
Autobiographie	Récit rétrospectif complet qu'une personne fait de sa propre vie, en accordant une importance particulière à son enfance et à sa vie personnelle.
Champ lexical	Dans un texte, l'ensemble des mots qui se rapportent à un même thème.
Chiasme	Figure de style qui consiste à croiser des termes symétriquement pour mettre en valeur une opposition ou un parallèle. Par exemple : « Mon père disait ce qu'il faisait et faisait ce qu'il disait. »
Comparaison	Figure de style rapprochant deux éléments à l'aide d'un outil de comparaison. Par exemple : « la maison aussi petite qu'un modèle réduit pour poupées ».
Conte de fées	Récit court faisant intervenir des éléments merveilleux et qui s'achève généralement par une moralité.
Énumération	Figure de style qui consiste à faire une liste d'éléments. L'énumération peut être une gradation si les éléments cités le sont dans un ordre précis (du plus petit au plus grand par exemple).

Épique Qui se rapporte à l'épopée. Une épopée est un long récit, en vers ou en prose, racontant les exploits d'un héros combattant des forces gigantesques, parfois surnaturelles. On parle d'un registre épique lorsque l'on retrouve dans un texte les éléments d'une épopée (antithèses, hyperboles, métaphores).

Hédonisme École philosophique fondée par Aristippe de Cyrène en 399 av. J.-C. et associée par la suite au philosophe grec Épicure. Cette doctrine philosophique fait de la recherche du plaisir et de l'évitement du déplaisir le principe suprême de nos actions.

Hyperbole Figure de style ou de rhétorique qui consiste à exagérer l'expression d'un terme pour le mettre en valeur. Par exemple : « Le mutisme, chez lui, était porté à son incandescence. »

Incipit En latin, « il commence ». Le terme désigne les premières phrases, ou par extension, les premières pages d'une œuvre.

Métaphore Figure de style qui permet de désigner une chose par une autre avec laquelle la première entretient un lien logique. Par exemple, dans *Le Corps de mon père*, « un sésame, une couronne de lauriers » sont des métaphores qui désignent le baccalauréat.

Métaphore filée Métaphore qui se poursuit sur plusieurs lignes ou un paragraphe entier.

Narrateur Dans un récit, celui ou celle qui raconte l'histoire. Dans une autobiographie, le narrateur est aussi l'auteur et le héros du récit.

Satire Genre littéraire qui consiste à critiquer les mœurs et les travers d'une société, en suscitant le rire. La caricature est une forme de satire.

Temps du discours Ce sont le présent et le passé composé, ils sont employés dans le discours, qui est défini comme un énoncé ancré dans son contexte d'énonciation.

Temps du récit Ce sont l'imparfait et le passé simple, ils sont employés dans le récit, qui est défini comme un énoncé narratif détaché de son contexte d'énonciation.

À lire et à voir

DEUX AUTRES ŒUVRES DE MICHEL ONFRAY

La Puissance d'exister

GRASSET, 2006 ET LE LIVRE DE POCHE, 2008

Une synthèse de la pensée philosophique de l'auteur. La préface « Autoportrait à l'enfant » est un très beau récit autobiographique.

Esthétique du pôle Nord

GRASSET, 2002 ET LE LIVRE DE POCHE, 2004

Le récit philosophique du voyage au pôle Nord que Michel Onfray a offert à son père.

SUR MICHEL ONFRAY

http://pagesperso-orange.fr/michel.onfray/accueilonfray.htm

Le site de l'auteur, sur lequel on peut lire ses chroniques.

http://fr.wikipedia.org/wiki/Onfray

L'article de l'encyclopédie Wikipédia.

D'AUTRES AUTOBIOGRAPHIES ET RÉCITS D'ENFANCE ET D'ADOLESCENCE

Romain Gary

La Promesse de l'aube

GALLIMARD, 1960

Jean-Paul Sartre

Les Mots

GALLIMARD, 1964

Marguerite Duras

L'Amant

MINUIT, 1984

Adapté au cinéma par Jean-Jacques Annaud en 1992.

Panaït Istrati

Mes départs

GALLIMARD, COLL. FOLIO, 1984

Roald Dahl
Moi Boy
GALLIMARD JEUNESSE, 1985

Valérie Mrejen
Eau sauvage
ALLIA, 2004

Vincent Ravalec
Ma fille a 14 ans
LIBRIO, 2005

DEUX AUTOBIOGRAPHIES EN BANDES DESSINÉES

Art Spiegelman
Maus
FLAMMARION, 1987

À travers le dialogue de l'auteur et de son père, l'histoire du père, Juif polonais, survivant des ghettos et du camp d'Auschwitz. On y découvre les persécutions nazies, depuis le début de la Seconde Guerre mondiale jusqu'à l'après-guerre.

Marjane Satrapi
Persepolis (4 volumes)
L'ASSOCIATION, 2000-2003

Le portrait de la société iranienne vue par une jeune fille et sa famille de Téhéran. Adapté en film d'animation par Vincent Paronnaud et Marjane Satrapi en 2007.

DES FILMS AUTOBIOGRAPHIQUES

Les Quatre Cents Coups
FILM DE FRANÇOIS TRUFFAUT, 1959

Largement autobiographique, le film raconte l'enfance difficile d'Antoine Doinel, interprété par Jean-Pierre Léaud, ses relations avec ses parents, ses petits larcins qui lui vaudront d'être enfermé dans un centre pour mineurs délinquants.

Au revoir les enfants
FILM DE LOUIS MALLE, 1987

En 1944, Julien est pensionnaire dans un collège catholique. Il découvre Jean, un nouveau venu fier et secret. Les deux collégiens se lient peu à peu d'amitié mais un jour, suite à une dénonciation, la Gestapo débarque et arrête le père Jean et les trois enfants juifs qu'il avait cachés.

Table des illustrations

p. 8	ph © Raphaël Gaillarde / GAMMA / EYEDEA
p. 29	ph © KEYSTONE / EYEDEA
p. 50	ph ©Archives Hatier
p. 73	ph © Musées d'art et d'histoire, Ville de Genève
p. 78	ph © Nora DUMAS / RAPHO / EYEDEA
p. 79	©IMAV éditions/Goscinny-Sempé, 2004
p. 83	ph ©F. Bouillot / Marco Polo
p. 84	© Hachette littératures, 2008
p. 85	ph © J. Elderfield / LIAISON / GAMMA / EYEDEA
p. 87	Coll. Kharbine Tapabor
p. 89	ph ©Phovoir-images.com
p. 91	ph ©Alain-Patrick Neyrat / RAPHO / EYEDEA

PAPIER À BASE DE FIBRES CERTIFIÉES

Hatier s'engage pour l'environnement en réduisant l'empreinte carbone de ses livres. Celle de cet exemplaire est de : 250 g éq. CO_2
Rendez-vous sur www.hatier-durable.fr

Iconographie : Hatier Illustration
Édition : Brigitte Brisse assistée de Justine Daffas
Illustration : Erwan Fages
Mise en pages : Facompo

IMPRIM'VERT

Achevé d'imprimer par L.E.G.O. S.p.A. Lavis (TN) - Italie
Dépôt légal: 96212-7/04 - Septembre 2015